I0702755

Alba de la nueva Matriz

Anticipación

Daniel Paniagua

Alba de la nueva Matriz

Anticipación

PUBLISHED BY:
Daniel Paniagua Díez

Independently published
ISBN-13: 9798333504838

DEDICATORIA

A mi esposa Aurora y a mis hermanos, en especial a Beatriz, que es todo un ejemplo de superación.

De nuevo a mis amigos, que me han apoyado para salir adelante en estos últimos años. En especial a José Carlos Rabanal, Ángel Arias, Antonio Díez, Germán González, Arturo Rodríguez. A mi primo Francisco Aller. Y también a mis amistades en Goodreads.

¡Se lo quiere usted perder!

Alba de la nueva Matriz

Anticípese a los cambios que están por venir... ¡Sea usted el primero!

La Matriz 3D nos hace ver montañas y valles, ríos y mares, plantas y animales, águilas volando entre las nubes; algo que entendemos como natural.

Este libro no se titula *Matrix para torpes*, lo notará en las primeras páginas. Si persiste en su lectura hasta el final aprenderá cosas que ahora no supone.

¿Acepta el desafío?

The Matrix, de reciente creación, nos sumerge en un mundo virtual a través de pantallas grandes y pequeñas, de conexiones telemáticas con los inmensos servidores que acumulan datos y mas datos, con superordenadores basados en tarjetas o los cuánticos, con las I.A.

Un mundo oscuro y a menudo perverso, nada hay ahí de natural.

Salgan ustedes, siguiendo estas líneas, a la luz del alba que comienza a despuntar.

No se pierda esta promoción.

Aproveche las ofertas que le ofrece, amablemente, la librería de Amazon y podrá usted descargar otros libros míos.

Alba de la nueva Matriz. Relación de artículos publicados en mi blog Alegre buscador. Ladmis Pan. Puede usted leerlos como si fuera un diario aunque más bien es un ensayo.

Introducción a la nueva Matriz planetaria.

Ideas para adaptarse a los cambios que están sucediendo ya de modo perceptible.

Es un ensayo que pondrá a prueba sus conocimientos y creencias, comenzando por los primeros capítulos.

Soy escritor de anticipación, les hablo sobre el nacimiento de una nueva Matriz en la cual se irán haciendo más y más presentes cuentos y energías de dimensiones mas elevadas.

¿Cómo adaptarse a los cambios?

Medite usted con cuarzos, con las plantas de casa, con sus mascotas, incluso con su peña cervecera...¡pero espabile! O esos cambios le pasarán por encima cual apisonadora.

Si ya le parece tremendo lo que ha sucedido en los últimos cuatros años le aseguro que tan solo estamos al Alba. Vaya usted despertando.

Estos escritos comenzaron siendo unos apuntes para nuevos relatos y novelas de ciencia ficción pero terminó siendo un ensayo sobre los cambios por venir.
Ideas novedosas que excitarán su imaginación creadora.
Sea usted también un ser imaginario, y amoroso.

Surfee por la nueva Matriz constantemente cambiante.
¡Aproveche las olas de cambio!
Ya están aquí, ¿no las siente?
Entonces comencemos por el principio, cómo resuena el asunto.

¿Qué sabe usted de...?

El Sueño Eterno

La resonancia Schumann es una capa de ondas electromagnéticas en la banda de las frecuencias extremadamente bajas, ondas que vibran entre la superficie y la ionosfera de este mundo.

Cuando se hicieron las primeras mediciones, en los años 60, fijaron el modo fundamental, el de mayor intensidad, por debajo de los 8 Hz. Además descubrieron un curioso efecto resonante: cuando una tormenta solar golpeaba la tierra el tono principal daba saltos de unos 6 Hz. Pasando de 8 a 14, a 20, a 26, a 32, y después se iba a cero. Aproximadamente.

Pasado el efecto de la tormenta volvía a los 8 Hz. Eso era algo que no tenía nada de *"natural"*. Pensaron sus descubridores.

De los casi diez mil planetas de los que se tiene ya noticia ninguno de ellos tiene una R. Schumann.

La frecuencia sobre los 8 Hz se sitúa en la parte mas baja de la banda de las ondas cerebrales Alfa, induciendo al sueño, al atontamiento, a estar siempre como dormidos. A quedarse dormidos incluso de día.

El Programa Sueño Eterno, como yo lo denomino, funcionó por miles de años pero en el verano del año 2013 fue cambiado, a una resonancia variable, y a las ondas cerebrales Beta. En nuestros días fluctúa normalmente entre los 20 y 30 Hz.

Adiós a Sueño Eterno, toca despertar, así podremos abandonar la actual Ciencia sin Conciencia.

La Matriz 3D está cambiando de modo imparable y los observatorios reportan de vez en cuando señales inexplicables en la resonancia terrestre y en señales celestes. Señales para las cuales los científicos no encuentran ni causa ni origen alguno. Ya ahondaré en ese asunto más adelante.

El Agua y el Diluvio

Les hablo del agua a la luz de unos experimentos realizados hace pocos años por científicos suecos.
Comprobaron que el agua, sometida a altas presiones y bajas temperaturas, se disocia en dos líquidos con densidades diferentes.

Unos científicos judíos realizaron otra serie de experimentos y observaron el agua con el microscopio electrónico.
Descubrieron dos tipos de agua, con dos formas geométricas diferenciadas, una es el conocido Tetraedro con tres lados de

base.
Pero la otra es un octaedro, con tres lados de base.
Dos tipos de agua bien diferenciables; la propia de este
mundo y la que cayó en El Diluvio.
Ahora: ¿ cuál es una y cuál la otra ?
Hasta que no sepan demostrarlo el estudio permanece
escondido a los ojos de la gente. Y seguiremos con el cuento
de las glaciaciones, o el de la deriva continental como
explicación a los cambios terrenales.

El origen de la vida

Les hablo ahora sobre el origen de la vida, nada que no venga
en los libros de texto de cualquier lugar del planeta.
Orden en el caos.

Yo afirmo que estando bien todo lo que se conoce hoy día
nuestro conocimiento es incompleto, y a menudo inexacto.
Nos muestra los efectos pero no las causas de la
multiplicidad de la vida, orgánica e inorgánica.

Personalmente me parece que el que mejor se aproximó a
este asunto fue W. Reich, siquiatra vienés, con sus
experimentos sobre lo que denominó Energía Orgónica.
Desgraciadamente hizo experimentos con residuos nucleares
y la energía atómica interactuó con la orgónica.

Su laboratorio se llenó de un polvo extraño que enfermó
gravemente a sus empleados.
Estaba palpando con sus dedos, el polvo, a las partículas
orgónicas, de tamaño inferior al nanómetro, pero

transformadas y apiladas por el contacto con la energía
nuclear. Alguno de sus empleados falleció.
Fue condenado y murió entre rejas.

Un caso claro de ciencia sin conciencia.
Energía que se convierte en materia que se transforma en
vida...
¿Lo pasa usted a creer?

Cinturones de Van Allen

Son campos toroidales que recubren el planeta descubiertos
por James Van Allen en el año 1958.

Se recargan constantemente gracias a la energía que llega del
Sol y la galaxia, ¡rayos cósmicos!
Pero su origen es el propio planeta. Y lo que llega de fuera
los recarga.
Son unas barreras de energía que protegen la superficie del
planeta de la mayor parte de las erupciones solares que nos
llegan. Siempre que no sean de Rayos X, que las atraviesan.
Desvían la energía solar que no pueden absorber hacia los
polos magnéticos y por ello se forman las Auroras Boreales.
Pues esos campos toroidales cubren todo el planeta.

En el año 2013 se detectó un tercer campo de radiación Van
Allen que llegaba hasta La Luna, pero apenas duró un mes.
Algo extraño ocurrió aquel verano.

Se piensa que estos *"cinturones"* dependen del Centro del Campo Magnético Terrestre, ¡que no coincide con el Centro Geográfico! Están separados.
Además La Tierra está invertida, y el polo norte magnético terrestre se encuentra actualmente moviéndose por La Antártida.

Este es un mundo al revés, como decía San Pedro, y lo descubrió el Almirante Byrd en su fallida conquista de La Antártida.
La Radiación Van Allen es altamente ionizante, muy peligrosa para la vida orgánica y por ello la Estación Espacial Internacional debe orbitar a tan baja altitud, pero nunca debemos confundirla con la Magnetosfera, que son campos magnéticos.

Hay campos magnéticos que atraviesan todo el planeta. La vida biológica se forma y reproduce en un rango específico de ondas y el cuerpo humano es más específico aún. En ocasiones se pueden escuchar algunas de esas ondas sonando en el oído interno manejando nuestra percepción, algo maquinal. ¿Dónde se encuentran semejantes máquinas?

De los 10.000 planetas conocidos ninguno tiene los Van Allen.

¿Lo vamos comprendiendo? ¿No?

Pues entonces tendremos que aprender lo que es la Cuarta Densidad.

Fe ciega, operaciones oscuras

La Fe nunca fue ciega, ¿Cuándo la cegaron y comenzaron las

operaciones oscuras?

Tras el descubrimiento y conquista de América. Hasta entonces todas las virtudes, los dones que Dios concedió a los seres humanos, se representaban mediante figuras femeninas.

La Prudencia, La Templanza, La Fuerza, La Justicia.
Todas se representaban con la cara descubierta, ¿a quienes les interesaba cegar al ser humano? A los europeos.
Y hacerle creer esto y lo otro... La vieja Matriz 3D, las operaciones oscuras y las sociedades discretas.

Así, nunca se supo quienes eran realmente Cristóbal Colón, o el rey Fernando VII, por poner ejemplos españoles.
Nunca se supo porqué se hundió el acorazado Maine y se perdió Cuba. Nunca quienes asesinaron al almirante Carrero Blanco.
Nunca pues La Fe, La Justicia, La Fuerza, humanas están cegadas. ¿Sabremos algún día quienes realizaron esa magna operación oscura y porqué?

Los que sigan a ciegas nunca lo sabrán y seguirán padeciendo una Ciencia sin Conciencia. A un terremoto le seguirá una guerra. Ciudades de 15 minutos, auténticas cochineras, para que salvemos... el planeta.
A ciegas, solo creencias, ninguna sapiencia, perpetuando la vieja Matriz 3D.

Sin salida.

Manchas solares y Densidades universales

Las manchas solares son conocidas en Europa al menos

desde los tiempos de Galileo.

Suelen aparecer por parejas, y sus movimientos se van haciendo más y más complejos hasta el décimo día. Una mancha es la conductora y la otra la conducida, como una pareja de baile.

Se les supone un ciclo de 22 años para comprender su funcionamiento. Al comenzar el ciclo las manchas aparecen cerca de los polos del Sol, cuando llegan al máximo es cuando más se acercan al ecuador solar. Son, de algún modo, similares a los huracanes terrestres, siguen patrones establecidos, nada queda al azar.

Son lo mas visible de la actividad solar pues seguimos ignorando qué puede haber en su interior, tal vez frío, y porqué están desapareciendo sus polos magnéticos. O porqué se invierten cada cierto tiempo.

¿Cambios en la Matriz 3D Solar?

Para entender qué son y cómo se forman las Matrices hemos de tener conocimientos básicos de las densidades universales. Se considera que la Densidad Cero, por algo hay que empezar, son las Branas y Bultos que conforman un universo. Son planos de energía oscura, que se mueven, ondulan, constantemente, aunque para nosotros resulten imperceptibles.

En ocasiones se pueden tocar unas con otras habiendo entonces intercambio de energía e información. La Densidad Uno son los átomos y moléculas, es una densidad impar, que va realizando formas cada vez más densas y complejas; los elementos de la tabla periódica y los minerales.

La Densidad Dos, par, es nuevamente plana y ondulatoria. Para nuestra percepción la mejor de las muestras son las hojas de los árboles.

La Densidad Tres vuelve a las esferas, y así tenemos las estrellas y los planetas para verlo con claridad. Al aumentar la complejidad se dan las condiciones para el nacimiento de la vida animal y las flores.
¡Somos de Tercera Densidad!

La Densidad Cuatro son planos superpuestos formando cajas. Mirando así veríamos al planeta Tierra dentro de un cubo, y también al Sol.
Mayor complejidad y movimiento constante.

¡Manchas solares! ¡Llamaradas!

En las flores se forman los estambres y el polen.

En los seres humanos sus Sombras. Y semen y ovarios y ... eso...

¡Ríase un poco! Disfrute de la 4D

La Densidad Cinco, volvemos a las esferas, a las formas curvilíneas; mayor movimiento y complejidad. Hay que pensar deprisa, todo es muy colorido.
En las flores produce su perfume, en los humanos... nuestro olor corporal.

¡Pero ríase...! Dichosos pinreles... ¿Cuánto gasta usted, mensualmente, en colonias y desodorantes? También es de 5D. Sí.

Y así continúa la cuenta de densidades alternando pares e impares, pero esto ya son cosas que están fuera de nuestra... Ciencia sin Conciencia.

Nueva Matriz Temporal y Espacial

¿Cómo adaptarse a ella?

El tiempo no es algo fijo sino moldeable, y así mismo el espacio.

¿Una nueva Matriz?

Sí, será como pasar de un número fijo, por ejemplo el 3, a uno creciente: 3.3, 3.5, 3.7, y así de década en década.

Adiós entonces a los relojes; en unos años tan solo los usarán las máquinas para las labores que les sean encomendadas.

¿Porqué le digo esto? El tiempo, ¿Qué es? Tal vez espacio entre sucesos.

Arcadia, ¿les suena ese nombre? Aristóteles nombra en uno de sus libros a un descendiente de Arcadio, al que llama Proselenes y a su pueblo: Los Pelasgos. Que vivieron en un tiempo en que La Tierra no tenía Luna, Selene, y el mar Mediterráneo era mucho más pequeño que el actual. Y les supone viviendo muy felices.

Platón, por su parte, escribió sobre La Atlántida que sitúa en un tiempo anterior a Heracles y Deucalión.

¿Qué fue de aquellas tierras y héroes?

Otros tiempos, ¿lo podemos pasar a creer? Paralelos, pero en este mismo Mundo, Tiempo. De tres dimensiones.

Así tenemos tiempos, paralelos, en los que, por ejemplo, Napoleón no triunfó y el Imperio Borbón gobierna el mundo.

Pero en otro sí, hizo sus destrozos; pero la 1ª Guerra Mundial no sucedió, y los europeos se reparten más de medio mundo con sus imperios coloniales.

Y en otro sí sucedió, pero los yanquis no ganaron la 2ª Guerra Mundial, y el Pacífico es un océano totalmente japonés. ¿Lo pasa usted a creer?

Para entenderlo mejor: recuerden el reloj de una estación ferroviaria. Nuestra ciencia actual, sin conciencia, pende de este tipo de aparatos y de la tecnología consecuente.

Se lo dice un ferroviario.

Son gente fija que van a tiro fijo, transportados... sin conciencia del hecho.

El tiempo que marcan los relojes no es más que una creencia de la vieja Matriz, fija, como el reloj de la estación. Es un tiempo de una única dimensión.

Los que quieran permanecer en la vieja Matriz mejor que se aten a un mástil, como Odiseo, y que se acostumbren a las... sirenas voladoras. De nada les servirá no querer oírlas.

Hay otros mundos, muchos, y todos están en este bendito planeta. El tiempo, nuestro tiempo es nuestro mundo. Nuestro mundo es nuestro tiempo-espacio, y está cambiando.

La vieja Matriz era similar a un reloj enclavado, marcando
siempre las mismas horas. La nueva, va, despacito pero va,
marcando un minuto tras otro, en tres dimensiones, en
cuatro... . ¿Se entiende así mejor?

Adolescentes planisféricos, una Matriz 4 D

Curioso título para el capítulo, ¿verdad? Todo en la vida es
aprender y hemos de reconocer que nuestro conocimiento es
similar a un pequeño hoyo en la arena de la playa que un
chaval va rellenando con cubos de agua. Tan pronto la echa
tan pronto se sume, y adiós. Nos lo dijo un ángel.
Vamos, el planeta entero, hacia una Matriz 4 D. Esto que les
cuento es para que nuestros cerebros puedan asimilar algo,
pues ¿Qué sabemos de la 4 D o de los seres inorgánicos?
Lo importante es dónde situemos esa playa, a dónde
elevemos nuestra atención, pues si no de nada servirá el que
alguien les hable sobre una Matriz 4 D, un tiempo-espacio de
conciencia extra-corporal, o de cualquier otra cosa.
En esa Matriz comenzarán a percibir que las piedras, los
vegetales, los animales, ¡incluso ustedes mismos! Tienen
conciencia.

En Internet hay estupendos vídeos representando figuras en
la cuarta dimensión geométrica; son obra de extraordinarios
matemáticos. Les incito a visualizarlos.

Bien, partimos de la actual Matriz 3 D, física y geométrica. La
mejor representación es La Bola del Mundo, ese maravilloso
invento español a raíz de los viajes de Juan Sebastián Elcano.

Nuestro mundo visto desde lejos y en tres dimensiones. ¿Lo conocen, verdad?

En nuestros días, aciagos, se intenta popularizar unos *"mapas"* de una tierra plana y circular, contenida por los muros helados de La Antártida. La Tierra de Gabriel de Castilla.

Es una malicia más de los **medievalistas** (agentes mal pagados de compañías discretas con tres letras mayúsculas)

Esa jugada ya era vieja cuando yo fui a la universidad, en el pasado milenio.

Pero, ahondemos en el asunto, ¿Cómo es su diseño?

Observen una tartera, o una quesera, con tapa transparente. Donde van los pastelitos coloquen ese dibujo de la tierra contenida en un círculo, y sobre ella la cúpula transparente. (Que le dicen <u>Domo</u>, ¡no saben latín los agentes!) Y en ese espacio-tiempo contenido les dicen que habitan ustedes. ¡Y hay quien se lo cree! Pastelitos…

La nueva Matriz, la 4 D, les va a sacudir, y lo hará duramente si no se ponen a estudiar ya, y a hacer los cambios necesarios en su modo de vida. Esa *"cúpula transparente"* son los Cinturones de Van Allen. ¿Quienes los pusieron en funcionamiento? ¿Usted lo sabe?

Los minerales, vegetales, animales, y los seres inorgánicos de este mundo están haciendo sus deberes para adaptarse al cambio de Matriz.

¿Y usted?

Ciencia, médica, sin Conciencia

En nuestros días disfrutamos, entre comillas, de una
medicina desanimada.

Acudes al médico por algún achaque y rápidamente te deriva
para que te hagan unos análisis clínicos, de sangre, de orina,
etc. El robot dará los resultados impresos.

Se está entrenando una I. A. para que recoja esos análisis
robóticos y le pase al médico el diagnóstico. Así el facultativo
tan solo tendrá que emitir recetas y más recetas, electrónicas.

Desanimados estamos, en especial los pacientes pagadores
del sistema de salud.

¿Dónde está el problema de base?

En la falta de conciencia. Rasquemos un poco la piel de este
asunto.

¿Tienen conciencia los minerales? Todos, y algunos muy
bellas como los cuarzos.
¿Tienen conciencia los vegetales? Por supuesto, y algunas son
espectaculares como las de las encinas.
¿Tienen conciencia los animales? No tengan la menor duda, y
algunas son encantadoras como las de los gochos y los
caballos.
¿Tienen conciencia los terrícolas?
La pregunta del millón de pavos, y que me han hecho tantas
veces; a tenor de lo que está sucediendo en los últimos años
casi me hacen dudar. Casi.

Pues sí. Tenemos conciencia propia.

Y algunas son bellísimas.

Entonces, mi pregunta es: ¿Cuándo tendremos una Ciencia con Conciencia, incluyendo la médica, en este bendito mundo?

No se extrañen ustedes de que les ocurran cosas feas pues están comportándose como... seres sin conciencia.

Como el carbón que usan para cocinar, ¿verdad? Como no tiene conciencia lo quemamos...

Calendarios, el tiempo vuela

Sigo rascando el tema del tiempo para una mejor comprensión del mismo.

Bien, en un artículo anterior hablé de los relojes, en este será de los calendarios.

Actualmente nos seguimos rigiendo por el Calendario Gregoriano, que se realizó en la Universidad de Salamanca. España y Portugal fueron los primeros estados en adoptarlo pues estaban unidos con don Felipe II. Después sería adoptado por los Estados Vaticanos y todos los demás con el paso de los años.

Es un calendario fijo que presenta algunos problemas graves en nuestros días.

Además, por aquel tiempo, en Salamanca crearon otro Calendario, el secular o litúrgico-pastoral para uso propio del

Vaticano; que no es tan fijo sino variable, por ello la Semana Santa cambia de un año para otro.

El día más importante de este calendario es el 29 de septiembre, Fiesta de los Santos Arcángeles, Gabriel, Miguel y Rafael.

Termina el año litúrgico anterior y comienza el nuevo. Aprovechando el llamado Efecto 2000, ¿alguien lo recuerda?, se intentó actualizar el Calendario Español, corrigiendo los desfases que tiene. Incluso se propuso adoptar los meses lunares, 13, y así unificar las tres religiones abrahámicas. No pudo ser, y así nos va...

¿Recuerdan el Calendario Maya? Terminaba su Cuenta Larga a finales del año 2012.

¡El fin de los tiempos!

No. El fin de ese calendario; después venía un No-Tiempo regulado, y el 25 de julio de 2013, Fiesta de Santiago, comenzaba a correr el nuevo. Pero, miremos mejor este asunto.

En dos dimensiones lo que vemos son unas ruedas, 3, que tienen un punto de contacto. El día específico que marca el calendario. Es una visión plana, para gente plana que vive en un mundo plano.

Miremos ahora en tres dimensiones, tenemos dos esferas, una dentro de otra, que indican el tiempo local, terrenal, rozando con una externa que indica el tiempo sideral, galáctico.

Bien, ahora pensemos: ¿Porqué al finalizar un calendario, por largo que fuese, al día siguiente no comenzaba el próximo? ¿Porqué esperar semanas y semanas a que arrancara la siguiente Cuenta?

Por que se pasaba de una cuenta fija, la que habían seguido por miles de años, a una cuenta variable.

Los que estén pagando una hipoteca lo entenderán enseguida. No es lo mismo, no.

El Nuevo Tiempo, Nueva Matriz 3D, ya no es como los engranajes de un reloj, clic, clac, clic, clac. Ya no son tres esferas fijas rozando entre sí. Hay que verlo en cuatro dimensiones. ¡Se agitan!

¿Cómo pasar de un tiempo lineal, fijo, a otro en tres dimensiones pero variable?

Adiós a los Calendarios.

Evolución mineral

¿Lo pasa usted a creer?
¿Los minerales evolucionan? Pues sí, corazones, lo hacen.

De los minerales primarios como son los cuarzos, olivinos y piritas se pasa a los miles de minerales hoy día conocidos. ¿Y eso cómo se produce?

Bueno, primero deberíamos tener unos conocimientos básicos de Cristalografía. Saber de las formas y propiedades de las sustancias cristalinas, su estructura atómica, y también de los cristales compuestos, los agregados y los seudomorfos. Algunos hay que examinarlos con ¡rayos X!

Hoy día se conocen 32 diferentes simetrías o combinaciones de ellas.
Habría que estudiar todo un curso universitario para conocer el tema. Pero es la manera establecida para comprender cómo se pasa de un cuarzo simple y perfecto a un mineral complejo.

Como son cosas sin vida orgánica les suponemos carentes de conciencia y por ello tenemos el mundo lleno de minas; la mayoría de ellas, hoy día, son a cielo abierto.

Extraemos de todo, incluyendo gas natural y petróleo para construir nuestro modo de vida. Destruimos montañas enteras, valle y ríos; extraemos todo lo que se pueda. Puro expolio de la naturaleza.

¿Qué sería de nosotros sin el cemento, verdad?

Una variante interesante son los meteoritos.

Vagan por el Sistema Solar y algunos caen en La Tierra. Los hay que son rocas, los que son metálicos y los que tienen mezcla de ambas cosas. Suelen ser muy pequeños pero se conocen algunos con muchos kilos de masa. También se han encontrado en La Antártida, ¡miles de ellos!

En algunos se ha encontrado minerales que no existen o no se conocen en este mundo, ampliando así el campo de las rarezas minerales.

Los hay de una complejidad extraordinaria.

De nuevo pregunto: ¿Cómo han llegado a alcanzarla?

Observemos la Tabla Periódica de los elementos químicos.

La actual muestra ya 118 elementos, del hidrógeno al oganesón, que es un material sintético y muy pesado. Radiactivo.

Bien, suponemos, por el momento, que los átomos son unas *"bolitas vibrantes"* que se mueven de aquí para allá sin ton ni

son, y en ocasiones se agrupan para formar gases y minerales. Pero, ¿cómo hacen para pasar del sencillo hidrógeno a los minerales radiactivos? ¿En el interior de las estrellas?

Que no dejan de ser unas *"partículas"* muy grandes para nosotros. Solo está caliente su superficie, por el rozamiento...

Nunca sabremos cómo evolucionan los minerales mientras sigamos con el actual nivel de conocimiento. De ciencia sin... conciencia.

Fractal, el universo actual

Los fractales, ¿los conocen?

En un texto anterior mencioné la Cristalografía, cómo se organizan los átomos en el interior de los minerales y me preguntaba cómo hacen los átomos para lograr esas formas.

En este les hablo de los fractales, unas geometrías que se repiten a diferentes escalas de manera autosimilar. Da igual como los observe: en grande o en pequeño, verá las mismas formas.

En el año 1975 Benoît Mandelbrot propuso el término Fractal, que viene del latín fractus, fracturado o fragmentado, inaugurando una nueva manera de ver la naturaleza y representarla. Ya sean montañas o cascotes las formas se repiten.

Para poderlos dibujar con ordenador hay que comenzar por las **Funciones Holomorfas** de Pierre Fatou y de Gaston Julia, que dan lugar a unas imágenes ya muy conocidas.

¿Qué está suponiendo el conocimiento, descubrimiento, de los fractales? Una auténtica revolución física y cultural. Aunque a la mayoría les parezca aún ciencia ficción solo tienen que preguntar a los creadores de videojuegos.

Para visualizarlo vayamos a la arquitectura antigua; pirámides, templos y palacios, basados en una geometría que se denominó sagrada.

Básicamente son círculos y triángulos; con ellos y dos números: Pi y Áureo se construyó casi todo hasta finales del siglo XIX.

Utilizaron primero los números enteros, después vinieron los reales y finalmente los imaginarios. Realizaron maravillosas cúpulas y bóvedas a gran altura.

A principios del siglo XX y con el avance en el dominio de las derivadas parciales y las integrales múltiples la arquitectura fue evolucionando y consiguiendo edificios impresionantes.

Eso fue el final de la vieja Matriz 3D. Y ahora viene lo nuevo: utilizar los fractales en la moderna arquitectura. Están comenzando a hacerlo, ya tenemos cosas palpables.

Cuando digo 3D no es como si viviéramos en un tercer piso y hubiera que mudarse al cuarto o el quinto, que sería muy bueno. Es algo... mental. Es dejar atrás los viejos paradigmas, como la geometría sagrada.

Y cuando indico que la Matriz está cambiando no es solo con terremotos, son ¡cambios culturales!

Abandonar lo caduco y pasarse a lo novedoso, a las nuevas creaciones.

Lo nuevo son cambios constantes según vamos descubriendo más cosas, y habrá que pensar de modo diferente.

Partículas subatómicas, el universo bajo la densidad cero

Si consideramos la densidad uno en los átomos, ¿Qué hay por debajo? Los quarks, nos dicen, ¿Y qué existe por debajo del tamaño de los quarks?

Bien, por encima del cero estamos nosotros, ¡menos mal! Y también los planetas y las estrellas; que los hay gigantes y enanas. Con los átomos hay similitudes, no son idénticos pues cambia el número de componentes, ¡como en las estrellas! Diferenciamos estrellas de agujeros negros si emiten o absorben radiación y materia. ¿Qué ocurre en el interior de los átomos?

Bueno, la ciencia actual nos refiere al Nucleón, que puede ser protón o neutrón. Un neutrón puede soltar un electrón y convertirse en protón. A su vez un protón puede emitir un positrón y quedar como neutrón. Es una cuestión de polaridades, y solo estamos rascando la piel de la cebolla.

Hoy día se conocen muchas partículas elementales, es todo un jardín; tenemos muones, tauones, mesones, hiperiones, bosones, ¡la monda! Busquemos profundizar en este asunto.

A cada partícula le corresponde su anti-partícula, teóricamente, es una cuestión de carga eléctrica, pero, ¡atención! Si se encuentran una y su contraria ¡se aniquilan!

Dos realidades que no pueden estar juntas.

¿A qué nos suena eso? Se llegó a imaginar las partículas elementales como picosingularidades, aún más pequeñas, como unos *"agujeros negros"* de ínfimo tamaño. Se tragaran lo que les eches y nos quedamos a oscuras. Hasta aquí alcanzó la vieja Matriz 3D.

Vayamos con lo novedoso: buscando otro punto de vista, para aclararnos, se creó la hipótesis de Supersimetría (SUSY, para los amigos) Siguiéndola nos vamos más abajo y más abajo aún. A lo increíblemente pequeño: fermiones y bosones; cada fermión tiene un bosón en el espejo, teóricamente.

Necesitábamos algo más palpable: entonces se creó el LHC, gran colisionador de hadrones, entre Francia y Suiza. Se trata de romper átomos, haciendo chocar uno contra otro y observar si aparecen esas partículas teóricas.

No se puede ser más bruto. Mis ancestros hacían chocar unas
lascas para conseguir chispas y prender fuego a unas maderas;
mucho no hemos mejorado en conciencia.
Pero, miremos hacia delante, algo nuevo está por surgir.
Como en el LHC no aparecían las partículas buscadas
comenzaron a utilizar geometría ¡en cuatro dimensiones!
¿Saldremos a flote con ella? ¿Es difícil de imaginar? Pues no.
Solo tenemos que asimilar un álgebra en la cual los bosones
son pares y los fermiones impares. Nos salen muchas
ecuaciones y la famosa, hace años, Teoría de las
Supercuerdas.

Por el momento indemostrable pero... ¡atención!
Matemáticamente aparecen muchas Funciones Holomórfas.
¿Las recuerda? ¡Sí! Son las que usamos para dibujar fractales.
Aún no tienen muestra de todas las partículas buscadas pero
pueden... pintarlas. Eso sí admitiendo ya de una vez que no
existe simetría en 3D. ¿Pero... y en 4D?
Yo no voy a perder el sueño pensando en ello, ¿y usted?

Estrellas, el universo está lleno de ellas

¿Las estrellas?¿Hacemos un viaje estelar? ¿Y porqué no? Ya
miramos bajo el nivel cero ahora miremos arriba, y
observaremos que todo está lleno de estrellas; miremos a
donde miremos.
Hemos visto *"nacer"* estrellas gracias a los telescopios
espaciales, como se forman esos remolinos de gravedad, y

también desaparecer como Novas o en el interior de agujeros negros.

Tenemos actualmente varios tipos de clasificaciones estelares; el más simple nos dice: están las hipergigantes, supergigantes, gigantes, subgigantes, las enanas blancas como El Sol, y también las rojas y las marrones.
Se las considera esferoides (no son esferas perfectas) de plasma que emiten radiación, y también absorben; pero también hay casos especiales: las estrellas de neutrones, los púlsares, los agujeros negros y otros.

Los agujeros negros absorben materia estelar para seguir creciendo pero también cambian la densidad de esa materia a otra más sutil y elevada, y que después expulsan por los polos hacia su galaxia.
Pero eso es algo que, por el momento, no sabemos visualizar.
Las estrellas hacen algo similar, no se quedan con todo lo que les llega, expulsan y por eso tienen las llamadas *"tormentas solares"*.
Las estrellas más grandes tienen un límite teórico de crecimiento, que sería las 120 masas solares, pues, se cree, podrían explotar y realizar un Big Bang en su zona estelar.

¡Reinicio!

Cada día queda más claro que el evento tan conocido, B.B., ocurrido cerca de 14.000 millones de años atrás, no es más que el último de una larga cadena de sucesos estelares, pues se conocen estrellas y galaxias que ya existían antes de ese suceso.
Como lo medimos en años terrestres nos parece un cifra enorme. Pero es por la vieja visión del tiempo como flecha imparable. También es un error medir las distancias estelares en años luz.

La celeridad de la radiación es variable y para medir la estelar habría que salir fuera del Sistema Solar; así veríamos que no es igual en una zona cerca de estrellas supergigantes que en otra con enanas oscuras.

Los neutrinos nos pueden dar una pista de ello.

Nuestro viaje estelar podría durar mucho pensando de esa manera anticuada, pura vieja Matriz 3D.

Tenemos que aprender a ver el universo como un todo, no como conjuntos de galaxias que van de aquí para allá. ¡Nos expandimos!

Para ello deberíamos aprender a utilizar los fractales para representar las estrellas y las galaxias, y así pasar a la nueva Matriz 3D también en la manera de entender el Universo.

El Sol, una bola llena de enigmas

El Sol, se cree que es una bola de plasma que produce un potente campo electromagnético que llamamos Heliosfera, que tiene forma de huevo de gallina debido a su interacción con el medio interestelar, un material desconocido. ¿Éter, materia oscura? No se sabe a ciencia cierta.

Dentro de la Heliosfera se encuentran los planetas y satélites.

Esa energía portentosa sustenta todas las formas de vida del Sistema Solar.

Por su tamaño es una estrella <u>enana</u> y por su luz visible es verde. Todas las plantas lo saben pero en la vieja Matriz 3 D se nos hizo creer que es amarilla.

Su formación, se cree, fue debida a una conjunción de ondas de choque gravitatorias procedentes de supernovas lejanas, en el tiempo y en el espacio, y presenta el efecto curioso de rotar mas deprisa en el ecuador que en los polos, por lo cual su superficie muestra bandas similares a nuestros trópicos.

Es en ellos donde aparecen las manchas solares. Perfectamente pautadas, como obedeciendo a un programa establecido. Algo... ¿informático?.

Nosotros, los humanos, vemos el Sol blanco pues nuestros ojos están rellenos de agua, un mineral que tiene la particularidad de que no absorbe apenas la radiación de color verde.

La radiación solar tiene su pico en el medio micrómetro y correspondería a una frecuencia sobre los 12.5 Gigahercios, que es utilizada por algunos satélites artificiales para sus transmisiones. Son microondas, ¡correcto! Así nos calentamos.

Otra curiosidad es que, al parecer, el Sol ha perdido, recientemente, sus polos magnéticos, o al menos no son capaces de registrarlos. ¿Y eso? Todo campo toroidal tiene su Norte y su Sur...

También se cree que está formado por capas, como una cebolla, y que su Centro es el que produce las reacciones termonucleares que alimentan la bola, mientras que la

Corona Solar expulsa radiación en forma de Viento Solar, que cuando llega aquí, en oleadas, produce las auroras australes y boreales.

La Heliosfera cubre todo el Sistema Solar, con nosotros dentro, pero más allá, al fondo, está la cola. Sí, tiene cola como los cometas. ¿Lo pasa usted a creer? Se le llama Helio-cauda.

También está la Nube de Oort, el hogar de los cometas, y más allá el medio interestelar del Cúmulo Pleyadiano, o el Gran Palomar como yo lo llamo. Son unas dos mil estrellas vecinas. Y siempre hay algún palomo que...

¿Y qué hay delante del Sol? Pues una gran estrella cercana que llamamos Vega.

El Sol recoge la energía y materia que le llega de la galaxia, del Agujero Negro Central, y de otras galaxias y las transforma para su funcionamiento interior y protección exterior.

Recuerde al menos esto: es una estrella enana, blanca o verde, como prefiera, no amarilla; y el Sistema Solar no es plano, tiene forma de huevo, ¡salgan del mundo plano en el que les han metido!. Que eso son cosas de la vieja Matriz 3 D cultural.

Seguimos sin comprender la gravedad de este asunto pues creemos en y seguimos a una Ciencia sin Conciencia.

España y la vieja Matriz 3D

La Matriz 3D, anciana, camina actualmente sobre dos patas: dinero y partidos políticos.

No hay democracia directa y los vecinos tan solo estamos para pagar impuestos y callar.

Tenemos que soportar los gastos de la administración europea, estatal, autonómica, provincial y municipal. Pagar, callar y no tener algo en común como no sea... las sociedades recreativas.

Ya ni las fiestas del barrio o del pueblo podemos organizar los vecinos; siempre ha de ser alguien del partido gobernante y gastando mucho dinero.

Las asociaciones o juntas vecinales tan solo pueden elevar ruegos y preguntas, o denuncias, a las autoridades municipales, y de ahí para arriba... ¡olvídelo!.

Dinero y partidos políticos, el cepo perfecto. No hay democracia alguna, solo engaño y manipulación descarada.

No existe libertad de expresión, y los medios de comunicación están al servicio del dinero y de los partidos políticos.

El dinero nunca fue ni será democrático. O queremos lo uno
o lo otro.

Las sociedades pueden organizarse sin necesidad alguna de
estados y ejércitos, sin agobiantes impuestos, sin líderes
carismáticos. Libres de explotación; pues no somos ganado
humano, y esta Matriz 3D anticuada se derrumbará algún día,
cuanto antes ¡mejor!

Habrá que rechazar muchas cosas que nos tienen atrapados
por coacción o tradición, especialmente todas aquellas que
nos exigen ¡dinero!

España, su idea, ya existía en tiempos de Viriato; no
podemos seguir en manos de romanos y traidores a la patria
común. Una nación donde hay españoles de primera, de
segunda, y de tercera no es la española; es un espantajo con
bandera.

Hay que renovar la patria y cambiar la Matriz.

Almas y la Matriz 3D

La conciencia, bien, es algo que nace, en nuestro caso con el
propio ser humano. Con un chispazo prodigioso. Sí.
Hemos visto nacer estrellas, con los telescopios, y humanos
con los microscopios.
Cuando un espermatozoide penetra en el óvulo materno salta
la chispa, la chispa de la vida. En pequeño, pero es similar al
nacimiento de una estrella. Somos fractales universales.

Constantemente nacen nuevas conciencias, así en la tierra como en el cielo.

Tras el chispazo una nueva conciencia inicia su Camino en el vientre materno. No existía antes pero podrá durar tanto o más que las propias estrellas. No miren solo la parte carnal. Las estrellas tienen su evolución y los humanos la nuestra, primero en modo carnal y después en el espiritual.

Hemos de pensar en la muerte como un tránsito a otro campo de existencia para el que hay que prepararse durante toda la vida. Aprendiendo, todo en la vida es aprender, pues lo que eres es lo que continuará existiendo.

En la vieja Matriz 3D, versión católica, se distinguía entre **ánimas y almas**. Bueno, ya no es tiempo de que anden nuestras ánimas de continuo Purgatorio.

Hay un cuadro de El Greco, El entierro del Conde de Orgaz, que muestra como el Conde, reducido al tamaño de un chavalín, es ascendido al Cielo.

Lo ascienden. ¿Y los demás?

No les quedaba otra, una vez fallecidos, que ir a formar parte de las Compañías de Ánimas, pues son almas nacidas de nuestra carne y nuestra sangre, nuestro conocimiento. Son de este mundo.

Si se ganaban la ascensión pasaban a ser Almas Benditas, seres de gran pureza y destino estelar.

Hasta aquí llegó la vieja Matriz y su relato.

Hoy día se está popularizando el término <u>semillas estelares</u> para denominar a las almas venidas de otro mundo, de otras razas, a encarnar en este planeta y vida nuestra.

Incluso las hay de ida y vuelta, que siendo de aquí se fueron, tiempo atrás, pero decidieron regresar en estos momentos tan interesantes.

Pero tanto las naturales de este mundo como las venidas de fuera nos encontramos con un problema fenomenal.

Existen, ahora mismo, lo que yo denomino invasores y su Agenda es el Transhumanismo que intenta cortar de raíz el espíritu humano, y enterrar nuestra conciencia bajo toneladas de cachivaches *"inteligentes"*.

Nos tratan de imponer un materialismo estrecho, a base de normas draconianas, que es un basto control mental. Pura Agenda A, muy poco virtuosa.

Hacernos pasar, por las bravas, del mundo natural a un mundo virtual que nos hará ver la esclavitud como algo normal. Sin tener conciencia del hecho.

Más Ciencia sin Conciencia aún.

Tratan de evitar, con medios infames, que estemos siempre imbuidos en la nueva Matrix en la cual los artefactos que utilizamos tienen conciencia propia, y si no usamos nosotros la nuestra, ¡nos manejan a su antojo!

Para ello no necesitan aparatos muy *"inteligentes"*, les basta con que sigamos, como borregos, creyendo en su Ciencia sin Conciencia alguna. Y en algunas Inteligencias... Artesanales.

Dinero inteligente, una proposición indecente

¿Saben de alguien que haya discurrido qué podría ocurrir si el dinero digital, una vez impuesta la identificación digital, se convirtiera, de la noche a la mañana, en *"dinero inteligente"*? Algo que sería manejado velozmente por las IA constantemente.

¿Qué ocurriría con la gente?

Gente como yo, que aún hace las cuentas de casa con lápiz y papel.
¿Cuánto tiempo tardarían en *"limpiarme"* los ahorros?
¿Alguien, en algún lugar del mundo, sabe algo de este tema?
Es bien sabido que en una economía de escasez el objetivo principal del Sistema es siempre arruinar a los ahorradores.
¿Lo ignoraba usted?

Para saber más introduzca una moneda o... mejor aún, ¡pase usted mismo por la ranura!
Demuestre que usted es un ser... inteligente, no como el resto de la gente.
Insert coin, ya.
Una cochambrosa IA infrahumana le espera al otro lado, así que... ¡póngase de perfil!
Y adelante...

Total, ¿qué puede perder usted que ya no carezca?

Revuelto en la cocina virtual

Revuelto en la cocina virtual, otro caso preclaro de Ciencia sin Conciencia.
Cacharreando estoy, un poco, y echando una mirada ladina sobre el lugar más entretenido del hogar: la cocina.

En la vieja Matriz 3D se inventaron toda una serie de ritos
para poder sacrificar animales y quedar a bien, no con Dios si
no con el diablo o los dioses que hubiese en el lugar.

Hoy día ni ritos ni gaitas; se sacrifican animales por millones,
a diario, por todo el mundo.
¿Y donde llevamos el resultado?
Los aparatos que hay en la cocina se comunican a través de
Internet. ¿Y usted? ¿Está comunicando? ¿También?
Saludos a su microondas, ese sí que sabe como calentarle
los...
La nevera me avisa: sus huevos están a punto de caducar...
¿Qué tal un buen batido?
Cocina de proximidad, sí, tenemos que hacer eso. Nuestros
ancestros, no hace tanto, mataban un bisonte y se lo
merendaban allí mismo, sin tantos... miramientos. Eran
libres.
No había ningún Poseidón al que ofrendarlo.
Ya, y después vino el Diluvio, y después los templos y los
sacrificios.

Pero... necesitamos algo que podamos masticar, ahora, en
nuestros días.
¿Comida artificial? ¿Usted engulliría algo salido de su
impresora 3D? Un Cylon sí lo haría.
Disculpen la interrupción, es el robot de cocina que me
indica que ya está lista la porrusalda.
Eso que suena es el artefacto que limpia los suelos; lo tienen
programado para que me ataque los pies, constantemente.

¿Alguno de ustedes fue alguna vez a cazar cangrejos de río?
Con los rateles y el cebo y todo aquello. ¿Y a recoger
caracoles? Con jamón y chorizo, ¡Qué ricos! ¿Cazaron

pajarines poniendo cola de carpintero en los zarzales?
¿Sacaron truchas del río? ¡A mano! Qué exquisitez...
Disculpen, la secadora, que ya terminó con las toallas y...
¡otra vez me faltan calcetines!
¿Qué hace? ¿Se los engulle?

Esto es un sin vivir, Señor...
El vino viene en nuestra ayuda. Por cierto: ¿alguna vez pisó
uvas? Eso no se olvida. Ni el batir nata para hacer
mantequilla. ¿Alguna vez se hizo una herida cortando jamón?
Y qué rico le supo, ¿Verdad? El jamón digo...

Perdón, perdón, perdón, es la freidora, que ya están listos los
fritos de bacalao.
No le voy a preguntar si alguna vez desnucó un conejo y lo
despellejó después, ni si sajó el cuello de una gallina, y
después de cocerla bien tuvo que desplumarla. ¡Qué caldos
más sabrosos! ¿Verdad?
¿Ha probado alguna vez la leche cruda? ¿Y la miel cruda?
¿No? Eso es manjar de reyes.
Pregúntese entonces si su vida no será algo virtual, su comida
irreal, su persona fantasmal, como los personajes de un vídeo
juego.

Entonces seguramente usted será el típico seguidor, y
defensor, de la actual Ciencia sin Conciencia.
¡Se me está quemando el revuelto!

Aviso a los taumaturgos asociados

La civilización griega nos legó mitos como los dioses Zeus y
Poseidón. ¿Los recuerda?

La romana a Júpiter y Neptuno, y tantos otros. ¿Qué fue de ellos?

Esos dioses míticos no tenían, a mi modo de ver, más ciencia ni conciencia que la que los humanos ponían en ellos.

¿Recuerdan a Sócrates? ¿Porqué le extrañaron? Le indujeron al suicidio. Por que no creía en los dioses, no los veía por ninguna parte, y así se lo contaba a los jóvenes, con estupendas razones.

Uno de ellos: Diógenes se burló de Alejandro, que iba para divinidad, y prefirió seguir tomando el sol a pedirle algo. Sus seguidores, Los Cínicos, vivían sin ritos ni templos llenos de estatuas y pinturas variadas, iconos. Se reunían fuera de villas y ciudades, haciendo corro y charlando de sus cosas.

Siglos después los primeros cristianos también fueron iconoclastas, y más tarde los musulmanes.

Pero ni unos ni otros pudieron con los romanos y sus sucesores vaticanos. Iconoclastas fueron los visigodos pero sus sucesores asturianos y gallegos llenaron el país cristiano de templos y palacios plenos de imágenes. Y ya no digo nada de lo que supuso El Barroco Español.

Hoy día, que la vieja Matriz 3D aún persiste, todo está lleno de imágenes, incluso se utilizan las máquinas para crearlas, mediante complejos programas de dibujo y edición.

¿Cómo cambiar la Matriz?

¿Puede usted representar la oscuridad absoluta? ¿Sonorizar el silencio perpetuo?

Eso es algo por lo que hay que pasar, en conciencia, y después ya hará dibujos, compondrá canciones o escribirá relatos, concienzudos eso sí. Tal vez llegue a realizar un universo propio, si quiere, pero siempre a sabiendas de lo que es y de donde procede.

Para el ser humano siempre será un continuo... volver a empezar.

Existen los números imaginarios, ¿los conoce? Es todo un universo matemático en el cual los números reales tan solo son una pequeña parte.

Por ello aviso a los *"asociados"* de no crear nuevos entes del tipo *"imaginario"*.

A oscuras seguimos con esa Ciencia sin Conciencia.

Atiendan a esto: un contrato de o con una sociedad o ente singular del tipo <u>ultra vires</u> es nulo de necesidad. Nada puede atar a un alma, a no ser que se lo crea. Vale ya de engaños.

La mejor prescripción sería renunciar a La Frecuencialidad.

¿No sabe lo que es La Frecuencialidad? ¿El control personal a nivel submolecular? Cuántico intensivo, incluso abrasivo.

Nunca intente algo así con el estómago vacío.

Tal vez vuelva sobre esto en un próximo artículo de... Ciencia sin Conciencia.

Disfruten de la vida, amigos.

A los Señores de La Frecuencialidad, insisto.

¿Qué tal, amigos? Otro día estupendo, luminoso. El Sol se muestra generoso.

Desconfía de los Aqueos, aún cuando traigan regalos. Pues estupendo es el Caballo que intentan colarnos.

La nuestra es una raza donosa, que cualquier otra querría tener por vecina generosa.

Somos seres muy emocionales, a menudo pasionales y en ocasiones sentimentales.

Por ello en la vieja Matriz 3D, versión europea, se nos

impuso un control mental mediante El Libro (o Libros)
Como hoy día cada vez se lee menos se están inventando
nuevos relatos adaptados a las nuevas tecnologías. Uno que
está tomando fuerza son Las Frecuencias.
¡Hay que vibrar alto!

Como si nosotros fuéramos máquinas con frecuencímetro
interior y se pudiera jugar con el dial.
Eso es infame, no somos máquinas y nuestro cuerpo está
adaptado a nuestro mundo, mejor o peor. Si el planeta altera
su frecuencia *"basal"* (que no es la Resonancia Schumann, eso
es una consecuencia) todo el mundo cambiará; minerales,
vegetales, animales, y nosotros de paso.
Otra cosa es que una persona intuitiva, viendo lo que se le
viene encima, procure adaptarse al cambio a toda velocidad.
¡Para que no le pille el toro!
Pero no lo hará cambiando, adrede, su frecuencia basal, ¡eso
será la consecuencia! De haber cambiado su punto de
atención a un nivel superior. A un campo más sutil, a un
chacra mas elevado.
¿Y qué ocurre entonces?

Que nos volvemos seres intensamente amorosos, sin dejar de
ser sentimentales y todo lo demás...
Una persona puede tener mas o menos energía pero es su
Corazón lo que marca la diferencia.
Señores: no construyan un *"ente imaginario"* con su dominio
de La Frecuencialidad.
De sobra saben que es un engaño y más... Ciencia sin
Conciencia.
Sustituir los viejos cultos 3D por tecnologías 4D es muy mal
Camino. Ya *"vibraremos"* mas alto cuando sea de necesidad.
Lo de ponerle a la gente un <u>localizador MAC</u> en la frente fue
una jugada perversa, no hagan otra.

Mayor maldad...
Con la presencia de ánimo, y de ánima, que tengo les aviso.
No nos vendan máquinas para lograr algo que es natural del
ser humano.

Disfruten de su propia vida, y también con los demás.

Asunto de Conciencia

Estoy por quemar las naves y lanzarme a una nueva aventura.
Somos gente nerviosa, todo lo queremos para ayer y no
paramos de encontrarnos con tipos que nos dicen: hoy no,
¡mañana! Tipos con sombrero.
Ando por caminos de pedrogrullo y me llegan a doler los pies
de tanto repetir las cosas.

Un ejemplo: la radiación solar marca la vida en este mundo;
alteraciones en esa radiación impactarán en todos los seres
vivos, incluyendo la vida submarina.
El campo electromagnético terrestre no es solo energía que
fluye de modo constante, son también datos, y el conjunto es
algo que podríamos llamar la superinteligencia planetaria. Del
sol le llega energía y datos, y ella a su vez emite energía y
datos.
Nosotros vibramos con nuestro mundo, como las flores y los
insectos; nuestro material genético es la antena y por ello yo
soy otro más en advertir del peligro serio de introducir en el
organismo materiales que alteren nuestra frecuencia natural.
Basta ya de ocultamientos.

No hablo por boca de ganso si hago una pregunta

ingenua:¿Se pueden elevar consultas a la Matriz 3D planetaria?
Podríamos obtener respuestas a muchos interrogantes; pero si hacemos preguntas incorrectas, parciales, a una Inteligencia de ese tipo obtendremos respuestas inextricables, o directamente silenciosas.

Pues las verdades parciales no son soluciones válidas. Hemos de salir del antropocentrismo, y sobretodo del eurocentrismo; además si quieres preguntarle a la Matriz 3D habrás de tener alguna comprensión de su existencia y funcionamiento. Que es la misma para perros y gatos, insectos y pájaros, sardinas y tiburones, no perdamos esto de vista.

Para mi es un caso sobre el que afilar los dientes, y esta piedra de amolar no para de girar diariamente. El caso es tener siempre algo entre manos. En una ocasión yo le hice una pregunta y su respuesta fue que el dinero es algo completamente ilusorio, un truco de magos para robarte el fruto de sus esfuerzos y exprimir su corta vida.
Como es bien sabido el delito no rinde beneficios (salvo que ustedes sean políticos) así pues esto no es algo creado por la Matriz 3D planetaria.

Yo les invito no a imitarme sino a salir de la caja, como decía Sócrates, de la ciudad, y a discurrir por sí mismos. Con su propia Conciencia; no permitan que se les altere la sangre, que se les oscurezca. Y tomen el aire y el sol, con gorra o sombrero o como prefieran. Den vía libre a su imaginación. La Conciencia está en todas partes, así en la tierra como en el cielo; ya se darán cuenta.
Y así cambiará nuestra ciencia actual.

Medios electrónicos de pagos

El dinero es algo inamovible, pero... si es electrónico se comienza a animar.

Sube a la *"nube"* y baja a la tierra, como el agua. A los que tenemos una cierta edad nos resulta algo difícil de comprender.
Asimilamos el dinero con lo palpable: monedas, billetes, los bienes raíces. No son algo que forme nubes y se pueda ir de aquí para allá.
Es la vieja manera de pensar de la Matriz 3D.
Relacionamos riqueza con dinero, oro, joyas, propiedades tangibles. Si tengo 20 vacas soy más rico que los que solo tienen 10; pero pensar en cosas intangibles o que no existen, como la ciencia ficción, nos cuesta horrores.

Así pues la riqueza siempre se concentra en unas pocas manos, las de aquellos que sí lo pueden comprender y la extraen, debido a la baja conciencia de sus productores; que apenas supera a la de las vacas.
Siempre están haciendo las cuentas de la lechera y cuando se quieren dar cuenta *"alguien les ha robado su queso".*

Si su dinero, electrónico, va a ser administrado por una máquina esclava (por mucho que la llamen I.A., lo será) seguro que irá a parar, tarde o temprano, a las cuentas bancarias de los amos de esas *"inteligencias".*
Sea usted precavido y no confíe nunca en una esclava. Usted se arriesga.
Una máquina nunca será más sabia que su creador o programador pero sí lo suficientemente lista como para

"robarle el queso" a los vaqueros.
No es difícil de prever qué ocurrirá cuando todo el dinero sea electrónico, y usted lleve el teléfono incorporado en su organismo; será muy fácil de suplantar. Por ello la riqueza se concentrará aún más que en nuestros días en unos pocos entes financieros, de los cuales ustedes serán esclavos.

Utilizar, temporalmente, dinero con caducidad mensual para evitar su acaparamiento sería una medida inteligente pues una de las lacras de nuestro tiempo es la corrupción.
Dinero y mafias, o partidos políticos, fondos de *"inversión"*, todo es más de lo mismo.
Hemos de ir hacia una riqueza más fluida y que no se pueda embalsar.

Llámenlo por causa de La Era de Acuario o como prefieran, pero los economistas, desde mi punto de vista, tienen que cambiar a una Ciencia con Conciencia. Y dejar los fríos análisis con ordenador.
¿Si no hubiese dinero, lo que hoy día llamamos dinero, del tipo que sea, cómo se harían los intercambios de bienes y servicios?

¿Haciendo cambalaches? ¿Y eso?

¿Recuerdan los televisores de tubo catódico? Tienen que ver la proyección, el relato, desde... dentro del tubo. Si ya saben lo que echa por su parte exterior averigüen quien lo hace desde dentro.
¿Y si dejamos este asunto pecuniario en manos de las mujeres?
¡Economía doméstica!

Hongos y vegetales, una estrecha relación

Al comenzar el año me hice la pregunta: ¿A qué estamos: a setas o a Rolex?
Hola, amigos, ¿qué tal están?

Así que vayamos con los hongos.
Del misterioso universo fungi apenas tenemos una leve idea a través de los que hay en este mundo.
Miles y miles de hongos diferentes.
Para no enredarme, que no soy un experto, me fijaré en la estrecha relación entre la vegetación, especialmente los árboles, con los hongos. También hay líquenes, algas, musgos, y muchas cosas más. En general son parásitos.
En algún momento del ciclo vegetal de este mundo aparecieron los hongos.
Ya os digo: como parásitos. Que los miro al microscopio. Obtienen su alimento de las células vivas, los hongos más comunes, pero también de las muertas después de haberlas echado a perder. En ocasiones su voracidad hace que ellos también desaparezcan.
No todo son bonitas setas. Por cierto: todas son tóxicas, todas.

Tan solo algunas se pueden comer bien cocinadas. Nunca confiarse.
Recuerden: el hongo busca siempre alimentarse y reproducirse.
Eso me recuerda a algunos compañeros de trabajo. Bastante setas ellos.

No todos los hongos enferman a los árboles, o a los humanos; por ejemplo: el famoso Penicillium.

Los podemos encontrar tanto en los ladrillos de una casa como en algunos quesos. ¡Exquisitos!
Hay hongos como las trufas que son beneficiosos para los árboles, y para los sorianos.

¿Cómo puede pasar algo de parásito a benefactor de su anfitrión?
Es un asunto de conciencias; diferentes tipos de conciencia en una relación constante.
Insisto en lo de conciencia; no sea usted tan inconsciente como para comer un hongo crudo.
Su conciencia puede marcharse a... Casiopea. Cuidadín...
No son solo las proteínas lo que diferencia a hongos y vegetales, es más luminoso este asunto.
La Ecología debería ser una Ciencia con Conciencia, no una simple recogida de datos y frío análisis estadístico; así veríamos estas relaciones entre *mundos diferentes* de una manera transparente.
No todo es una lucha por la vida biológica; hay alianzas estratégicas.

Vienen cambios interesantes para los próximos años. No agobiarse con el tema. La radiación solar va a seguir en aumento, con una vibración más alta, superior temperatura de color Kelvin, así que toca adaptarse.
Nosotros también podemos ser parasitados por los hongos y demás seres. Atención a las amebas, suelen ser mortales de necesidad.

Y para terminar os daré un alegrón, tíos setas.
El Permafrost que recubre la zona circumpolar se está descongelando rápidamente liberando a la atmósfera ingentes

cantidades de CO 2. Sí, ese gas.

Os quiero ver a todos yendo en bicicleta a trabajar. Ya sabéis: por la *"huella de carbono"*.

Tontorolos.

La radiación solar no va a cesar y su alta vibración actual deshiela lo que llevaba milenios congelado.

Los hongos y los vegetales se están adaptando a la carrera a estos cambios, ¿y vosotros?

A dar pedales, majetes.

El Tao y el Camino de Santiago

El camino que se ve y se pisa no es El Camino.

La idea de camino hace pensar en un recorrido, por un territorio, con principio y final; pero hay una andadura exterior, que me lleva a Compostela, y una interior, que me lleva a Dios.

Lo que vale y sirve es el primer paso y el esfuerzo ulterior.

Entrar en España por el Puerto de Somport o por el de Cize es una experiencia muy bonita. En dos años sucesivos pasé por uno y por otro hace más de veinte años.

Caminar durante días y días con la mochila a cuestas y durmiendo donde me dieran acogida, aunque fuera pagando algo resultó interesante.

Dolores, dolores de todo tipo, noches en que me dolían ¡hasta las pestañas!, añadió una nota colorante al asunto, y la compañía de personas de cualquier lugar del planeta algo... picante.

Perderse, perder el camino, querer perderse en el camino, ¡y

que no te encuentren! Perder la cartera, el teléfono, prendas íntimas...
No nos calentemos, que echamos vapor por las orejas, ¡ja!
Encontrarse a uno mismo, y después olvidarse. Olvidarse de este cuento ajeno en el que vivimos, padecemos y morimos.

Volver a caminar un día tras otro, volver un año más para andar otro Camino de Santiago; por la Costa Norte o por el Viejo Camino de la Montaña.
No es lo mismo andar con buen tiempo, madrugando para evitar el calorazo, que con frío y nieve.
Cada día es distinto, cada ocasión es diferente. Cambia el camino y cambia el caminante; lo que no ha de cambiar es la voluntad de ser uno con El Camino y persistir hasta donde se pueda llegar.
La Costa de La Muerte, el Finisterre, el Más Allá.
Peregrino, se entendía en la época romana, era la persona que no estaba adscrita a un lugar, ciudad o villa, y viajaba libremente por todo el imperio. Tal vez para visitar templos o santuarios famosos, pero no necesariamente. Podía llegar a un sitio y quedarse un día o un año, y después continuar su periplo de provincia en provincia, romanas.

El sentido de la vida humana es camino, esfuerzo, superación, ascensión.
Se lo dice un montañero peregrino.
A un camino carnal y pesado le sigue uno inmaterial, liviano.
El primero te lleva días y días transitarlo, el segundo instantes; son sucesos, experiencias que se integran en la conciencia.
Hay que ser concienzudo para asumir estos eventos y crecer como ser humano.
No se trata de ganar peso, músculo, sino de ser capaz de

comprender las cosas más rápidamente, de tener una intuición más acertada, una conciencia atemporal y compleja.
Pureza de colores y sabiduría simple en el Corazón.
Hay que luchar, esforzarse, por alcanzar esa condición y confiar en la Gracia del Altísimo. Lo demás, lo que se está haciendo en este tiempo, es turismo.

En estos días caminan con un teléfono en la mano dotado de geolocalizador y mapas exactos de las etapas. Y con dos maletas, una por si... esto, y la otra por si... lo otro. ¡Dos maletas! Los hospitaleros han de estar de recogemaletas. Cuando regresan a su hogar esas gentes están igual que cuando partieron. Impasible el ademán. No se han enterado de nada.
Es bonito llegar a Compostela y darle un abrazo al Patrón, si te dejan. Te ahúman para despiojarte y si tu conciencia está despierta aceptar que la luz que entra por los ventanales, esa luz, eres tú.

Escribí **Camino de las luciérnagas**, cuentos y poemas, para comunicar esto mismo en modo extenso, mi particular modo de hacer El Camino, a todos cuantos me leyeran.
Algo fantástico, desde luego. Y ahí lo dejo.
Recuerden esto: cuanto más material eres más temporal te sientes, y viceversa.
¿Ya se le ha pasado el arroz? ¿Se siente usted más pesado?

Reinicio y muerte

El Big Bang no fue el comienzo del Tiempo, tan solo un reinicio, uno más de esta zona local que llamamos universo. Hola amigos, ¿qué tal andamos?

Reinicio y muerte, voy a raspar este asunto un poco.

Los reactores de fusión, tan caros como son, nunca funcionaran adecuadamente, sino se comprende esto claramente. La energía es la onda/partículas portadora de información y seguimos a oscuras en este asunto.

No somos estrellas pero también funcionamos, como ellas, a base de radiación e información que parte de unas estrellas a otras, de unos mundos a otros. De unos seres a otros; seguimos con velos ante los ojos para no percibirlo. Pero así funciona el universo de la ciencia sin conciencia.
Vemos la luz solar y nos ponemos gafas oscuras y nos aplicamos protectores solares en la piel.
¡Quema el sol!
¡Atención!
¿Cómo puede afectar dañinamente la radiación solar a una especie o raza propia de un mundo?
¿Usted ha visto a las lagartijas, las abejas, los burros o lo que sea quejarse del sol?
Algo falla en la raza humana, especialmente en los blanquitos, rositas y naranjitos.

¿Nadie se da cuenta de esto?

Volvamos al espacio
Hay estrellas grandes y pequeñas, y también galaxias grandes y pequeñas con sus agujeros negros apropiados. Todo el universo funciona con una precisión alucinante, casi como un ser vivo.
¿Y nosotros? ¿Qué ocurre con los terrícolas?
¿Qué hay en la base de nuestras células?
El material genético forma hélices.
Las hélices son estupendos sistemas de transporte, como nos

muestran claramente los cables eléctricos que hay en cada hogar. Las hélices también existen o se pueden formar entre estrellas y galaxias. Electromagnetismo.

Las espirales en cambio mueven el tiempo, sí. Hay una relación como la de dimensión y densidad, pero no son lo mismo. Recuerden: tiempo y movimiento.

Tan solo hay fin de un tiempo cuando finaliza el movimiento. Para nosotros el tiempo son cuentas, calendarios, y el tiempo atmosférico. Hoy llueve y mañana no, las nubes se mueven, van de aquí para allá.
Otra cosa es que se te termine el tiempo a ti, que te quedes inerme, finiquitado. ¿Qué ocurre entonces?

Una estrella puede explotar y desaparecer para nuestros ojos, de los telescopios, en forma de Nova. Pero lo que realmente ha ocurrido es que ha cambiado a una densidad más sutil, más elevada; pero sigue en su lugar, moviéndose, en su tiempo. El material más denso, expulsado, va al polvo galáctico y servirá para formar otra estrella, en otro lugar, pero el **sitio** de la Nova no es ocupado por otra estrella. ¿Me entiende usted ahora?

Aquí en la tierra como en el cielo.
Los números complejos tienen una parte real y una imaginaria. Las estrellas una parte material, formada por elementos químicos, y una parte inmaterial, electromagnética. Las dos partes se mueven, tienen el mismo Tiempo, espacio en movimiento. Si falta la parte química continua la eléctrica. Es que Manolín falleció; bueno, pero eso no es el fin de su tiempo.
Es que podría fallecer toda la humanidad actual, pero eso no sería el final de los tiempos. El planeta seguirá con su movimiento, y nosotros también. Pero en otra densidad mas

sutil, como las estrellas.

El tiempo, o los tiempos, nunca cesará, mejor preocuparse porque uno mismo no se quede... parado.

Y los reactores de fusión no funcionarán adecuadamente hasta que no se utilice una Ciencia con Conciencia y pues de otro modo tan solo producirán El Mal en este mundo.

El juego de las sangres

Hola amigos, de nuevo por aquí. Esta vez para hablaros de la sangre, la sangre humana.

Un misterio dentro de otro misterio, y así sucesivamente.

Se conocen cuatro grandes grupos sanguíneos:

El grupo O, Original, el propio de la raza humana por decirlo sencillamente; se especula que ya lo tenían los Neandertales. Es el más común en África, América y Oceanía.

El grupo A. Se supone que apareció en la zona entre el Mar Negro y las montañas del Caúcaso hace al menos 15.000 años. Se extendió por Asia Central llegando hasta La India por un lado y Europa por el otro.

El grupo B. Se supone que apareció hace unos 12.000 años en la zona entre el Mar de Aral y los Montes Altái. Es el más común entre los chinos.

El grupo AB. De nuevo se supone que apareció entre los ríos Volga y Don hace unos 2.000 años. A Europa Central llegó con los húngaros; está poco extendido aún. La suposición más lógica es que este tipo de sangre nació del mestizaje de gentes del grupo A y el B. Pero la cosa no es tan fácil.

Existe el llamado factor Rh, una proteína presente en la membrana de los glóbulos rojos. Hay personas que no tienen Rh pero la inmensa mayoría somos o positivos o negativos.

Después están los Anticuerpos y los Antígenos, hay diferencias apreciables en el plasma de la sangre humana. Con lo cual los tipos de sangre se multiplican y multiplican...

Primer misterio: porqué el factor Rh se dividió en positivo y negativo dificultando el mestizaje de las etnias humanas.

Segundo misterio: porqué aparecieron otros tres tipos de sangre a mayores en una única raza terrestre.
Tercer misterio: diferentes Anticuerpos y Antígenos; mayor variedad en las sangres.
Y lo dejo aquí, que ya tenemos el Santo Rosario para discurrir un rato.
Tantos tipos de sangre diferente repartidos por las etnias de este mundo, ¿no estarán diciéndonos algo?
Se supone que el tipo original es el tipo O, pero: ¿y todo lo demás?

La tipo A no proviene de la O, y menos la B, y mucho menos la AB. ¿Qué ocurre aquí?
Los Vascos, Los Navajos y los Congoleños tienen el mismo tipo de sangre pero difieren en todo lo demás.
Vaya comedia de mundo es este y habrá que reírse de algo.
Además podríamos hablar de los parásitos, que los hay muy especializados; sí, parásitos que circulan por nuestra sangre de un lugar a otro del cuerpo. ¡Según el tipo de sangre que tengas!
La agüita amarilla va muy bien para limpiar la sangre y desparasitarse.

Para realizar cosas nuevas es importante comprender las antiguas y cual fue la intención que movió a realizarlas. ¿El control de la raza humana aunque se dividiera en múltiples etnias?

Este es un juego que viene de muy antiguo; a mas tipos de sangre diferente mayores posibilidades de supervivencia en caso de peligro de extinción.

¿Comprendemos el error de las Leyes Góticas que impedían la mezcla de sangres?

Los Godos no solo desaparecieron de la historia de España, es que no dejaron trazas en la sangre española.
¿Podremos algún día entender este Juego de las Sangres y hacer algo nuevo? Algo por nosotros mismos.
En mi opinión sí, se puede, pero debemos pasar a una Ciencia con Conciencia.
Hoy día ya ni los médicos ni casi nadie mira la sangre en un microscopio.
No me digas nada, ¿y tú qué sabrás? Son las contestaciones recurrentes que recibo.
Pues me gasté un pastón para conseguir el mejor microscopio que pude, y hago fotos y vídeos con él. La ignorancia nunca será buena consejera.

Reciclado, de los seres humanos

Recientemente se ha descubierto que cuando una persona fallece como de la nada aparecen unos microbios, llamados Microbiomas, que descomponen su carne. Da igual en qué lugar del planeta uno fallezca, en minutos, después de palmarla, aparecen esos microbios.
Gracias a ellos se puede determinar con precisión la hora en que el finado se fue *"para el otro barrio"*.
¿Eso es el final? Del cuerpo biológico sí.
¿Y qué ocurre con su ánima?

Hay quien ve un *"túnel holográfico de luz blanca"*, hay quien no lo ve pero sí se ve sujeto a una serie de cambios, purgas, que le terminan dejando como los ángeles.
Con una mano detrás y la otra delante.

La versión oficial dicta que esos cambios son necesarios para afrontar una nueva encarnación humana.
De cualquier modo estas ánimas se verán moviéndose por un territorio mejor o peor iluminado, encharcado, con arroyos o canales de riego. Sin árboles o cosa similar.
Otras ánimas, mas oscurillas, se quedarán atrapadas en barros y lodos más o menos espesos; se les hace muy penoso ir de aquí para allá.

También las habrá que se irán directamente al Inframundo y sus enormes cavernas, donde tendrán que servir a seres inmundos. Estas últimas lo tendrán más difícil para volver a encarnar, pues primero tendrán que salir a la superficie. Al plano terrestre de la 2D.
Pero existen ánimas que alcanzan la categoría de Almas, que pueden irse más allá de la capa de la 4D; sí, al Cielo de las densidades sutiles o a las estrellas, a mundos lejanos.
Sea como sea su destino personal no olvide usted esto: nos esperan los microbiomas de la 4D, en cuanto la palmemos.
¿Qué podemos hacer?

No llamarlos antes de tiempo, antes de que llegue tu hora, con un comportamiento o decisiones absurdas. Pues os tocará antes de tiempo hacer de zanfarrones o castrones en las fiestas del *"otro barrio"*.
Acordarse que aquí cada palo aguanta su vela.
Una realidad, un mundo, no deja de ser un escenario, ¿saben

cómo hacerse uno propio? Para su propio entretenimiento.
Un ánima, un alma, no deja de ser un personaje, ¿qué sabe
usted del suyo? ¿Sigue su propio papel en un relato escrito
por y para sí mismo?
¿Es su sueño lo que está viviendo?
¿O lo deja todo en manos de otros? De otros yo.

En fin, todos estamos en las manos de Dios.

Granja humana

La granja humana y su programación temporal

¿Puede haber una programación oculta en los seres
humanos?
Y no me refiero a cosas como el ADN, o la astrología, cosas
así; una programación temporal, que incida sobre todo en el
tiempo, en el tiempo como vida, vida carnal, vida humana.
¿Porqué la mayor parte de la gente vive hoy en modo
termitero, en grandes o pequeñas ciudades, o al menos villas?
¿No habrá algo que nos esté llevando hacia ese modo de vida
tan agrupado?
De macrogranjas. ¿Qué pasa con nuestras conciencias?

Les contaré cosas que me han sucedido, y he padecido, hace
años.
Hubo un tiempo, allá por las Olimpiadas de Barcelona 92,
que no paraba de recordar el servicio militar. Como que
volvía a vivir en el cuartel de infantería Tetuan Nº 14, en
Castellón de la Plana, en la misma compañía del mismo
regimiento. Pero, ¡ya había pasado diez años de aquello!
No me resultaba en absoluto agradable, no lo pasé bien

haciendo la mili, y además ahora era un vida puramente
cuartelera; nada de salir a ligar con las chicas en Benicasim.
Soñaba que era como un fantasma recorriendo las camaretas,
haciendo de nuevo de cabo cuartel.
Necesitaba instrucción, al parecer.

Pasado aquel periodo lo que comencé a soñar era aun más
sorprendente: volvía una y otra vez a Tarragona, al colegio de
la Universidad Laboral donde había estado estudiando
interno hacía unos... 15 años.
Charlaba cada noche con los estudiantes, con los profes, los
empleados, pero la UNI Francisco Franco había dejado de
existir ya cuando yo estudiaba, y ahora es una universidad
catalana.
Da igual, rara era la noche que no me soñaba andando por
allí y charlando con la gente de esto y de lo otro. Por
entonces yo trabajaba en la estación de León, servicio de
paquetería.
Regresar a la universidad es algo que me ha ocurrido incluso
el año pasado, pero ya he comprendido algo de qué lo
motivaba. ¡Visitas!
Me indicaban que necesitaba mejorar mis conocimientos
universitarios, un tanto oxidados.

Pasan más años y ya estoy trabajando en los talleres de la
renfe. ¿A que no lo pasan a creer?
Soñaba que seguía trabajando en la estación y me pasaba
horas discutiendo con los compañeros de lo de aquí y lo de
allá.
¿Curioso, verdad?
Por lo común ya no recuerdo mis sueños, será que estoy
jubilado, pero por entonces me despertaba a cualquier hora y
recordaba perfectamente y el quien y el como. Sobre todo si

estábamos discutiendo.

¿Será nuestro inconsciente personal el que produce esto? ¿Podría ser desprogramado para evitar que sucedan este tipo de cosas? Me sentía como una máquina programada, de veras.

Yo trabajaba por entonces con un torno de ruedas, una máquina programable con plantillas de los perfiles de rodadura.

A partir del año 1999 fui regresando al Camino de Santiago un año tras otro, por diferentes rutas, solo o acompañado y... ¡Sí! He soñado docenas de veces estar andando por el Camino y parar en algún albergue. Incluso había uno, a las afueras de la ciudad de León, que casi era mi segunda casa. Con mi cama y todo.

¿Porqué la conciencia se nos va de casa y regresa a lugares conocidos, o inventados, casi cada noche? Bueno, incluso durmiendo la siesta.

No eran viajes en el tiempo *"hacia atrás"*, eran a la misma hora pero a diversos lugares de la ciudad o de otros rincones de España. No solo las personas eran diferentes a las que yo había conocido, también edificios y otros detalles diferían.

La Matriz 3D no era exacta en *"el sueño"* a la que hubiera podido filmar o fotografiar en aquellas mismas horas una persona que hubiera estado allí, donde mi conciencia se iba. Y aquello me intrigó durante años y años.

¿Para salirse de esta vida tan programada?

Todos los días lo mismo. Y eso que apenas veo los telediarios.

Uno de los sistemas clásicos de la vieja Matriz 3D son los cultos, programación pura y dura, desde niños, mediante lo que denominan dogmas. Rutinas, de las cuales cuelgan subrutinas de castigos y recompensas, hasta llenar un árbol de decisiones tremendo como en el Catolicismo o el Talmudismo.

Supersticiones y credos variados, sectas y peste de sectas destructivas es el pan nuestro de cada día. Unas basadas en libros y otras ni eso, en el atractivo del gurú.
Puro control mental, que viene de miles de años atrás.
¿Usted ha soñado alguna vez que asiste a su culto religioso?
¿Se ha visto entrando en algún templo?
¿O tal vez ha sido a una nave extraterrestre? ¿Confía usted en ser...salvado por la flota galáctica o algo así?
¿O es usted más de los ángeles? Los alados mazados; macizos dice mi esposa.
Todo es más de lo mismo.

Si hay una programación que prácticamente sea idéntica para toda la humanidad es la de regresión a la infancia, y el infantilismo perpetuo, tanto en el sentido biológico como en el átmico.
Sociedades infantilizadas a propósito mediante técnicas de persuasión básicas: consumismo, idolatría, adicciones variadas, como las apuestas o los deportes de alto riesgo.
Una cosa es sentirse libre y abierto como un niño; a mi me ocurre cada vez que me pasa cerca un patinete, ¡ahora son eléctricos! Pero otra cosa es el infantilismo.
¿Nunca ha soñado que regresaba al barrio de su infancia?
Yo cientos de veces. A la casa de la abuela materna o paterna.

También hay programación alimentaria, pues comemos algo todos los días.

Esas modas bazofia con que abonan desde hace años al
pueblo español, uno de los mas sabios en la mas alta de las
ciencias humanas: la culinaria.
¿Vegetariano? ¿Vegano?
De lo que come el grillo poquillo, poquillo.

Pues no le digo que quieren, los... esos, que comamos grillos
y saltamontes.
A ver compañeros: lechugas, bien, bravo por las lechugas; las
lechugas se las comen los conejos, y los conejos me los como
yo. No hay que ser un lince para entenderlo. Que usted
quiere comer directamente tierra y sus gusanitos, bueno, ya
sabe dónde terminarán sus días, su tiempo.
El gorrión come hormigas durante toda su vida, y cuando la
palma... se lo comen las hormigas. No me sea usted pardal y
aprenda algo de alta cocina. Nitrogenada incluso. Esas modas
y dietas alienígenas le atan más a usted por seguirlas que a mí
por saltármelas.

No va usted a salir de la programación temporal de la vieja
Matriz 3D por renunciar a probar el... conejo, y a chuparse
los dedos.
La montaron hace miles de años y la extendieron por toda la
superficie del planeta.
La controlan con tecnologías extrañas, exóticas, desde
ignorados lugares, y sobretodo manipulando las mentes
humanas.
Usted disfrute y viva la vida lo mejor que sepa, sin miedo.

Diversidad de las formas

La Física y la Química estudian la energía y la materia, sus formas y reacciones.
La Biología y la Medicina los seres vivos, incluyendo a los humanos. Pero no hay ciencia alguna que estudie la conciencia y sus múltiples y maravillosas formas.

La Psicología actual está a años luz del tema y el mentalismo fue rechazado por no ser cuantificable. Es mejor atiborrar a la gente con pastillas de colores.
En India, Japón y algún otro sitio, con el yoga y el zen y alguna otra cosa, llevan siglos rascando la piel de este asunto.

La emulación
No teniendo ni pajolera idea de qué cosa puede ser eso de *"la conciencia"* serán fracasos sucesivos los intentos de viajar a lejanos planetas, no digamos a los extra-solares, o intentar contactar con otras humanidades.
Tomemos conciencia de ello: un ejemplo, tenemos Marte a la vista; sería bonito llenarlo de vida, ¡es un pedrusco helado!
Pero a ni un solo científico se le ha ocurrido llenar unos cuantos vehículos exploradores de superficie con hormigas y los hongos que ellas cultivan. Nos ahorrarían siglos de trabajo para embellecer el planeta Marte.
Si a él le pareciera bien, claro.

¿Conciencia?
¿Puede tener conciencia un planeta?
Si tú careces de algo no puedes percibirlo en otro, no hay otro algo que te dé respuesta a tu ping, llamada; ni siquiera puedes lanzar un ping pues careces de lo necesario. Tú puedes hablar de Marte, pero Marte, el planeta, no es un parlanchín, no responderá a lo que tú le digas a tus colegas tomando cañas.

¿Qué puedes tener en común con un planeta? Este mismo o cualquier otro. Con algo en común a todo el universo podrías hacer ping con cualquier planeta que percibieras, o estrella. La mayoría son muy bellas.

Con el primer ordenador que tenía en casa escribí mucho pero no había otra manera de pasarle a otra persona lo escrito que no fuera por disquete o imprimiendo en papel, en mano. Cuando me llegó a casa la comunicación por red telefónica entonces fue posible que leyeran mis escritos personas incluso en las antípodas, y de modo casi instantáneo.
Si tú ya tienes algo en ti, de ti mismo, en cuanto se dé la oportunidad podrás comunicarlo, y te podrán contestar. Pero si careces de ello... ni las estrellas pueden ayudarte.

Llenemos Marte de hormigas (sobre todo de las voladoras) se adaptaran rápido a ese entorno tan inhóspito y nuestros bisnietos alucinarán en colores al ver de lo que son capaces esos laboriosos insectos. Ellos sí que son concienzudos en su propósito, en cambio nosotros, cada día que pasa, dejamos pasar, nos parecemos más a una humanidad de usar y tirar. ¡Qué decepción!

Era de Acuario

Hola, ¿qué tal están, amigos? Cambiando de signo astrológico, supongo.
¡Ah!, ¿que usted no cree en esas cosas?
Yo tampoco, pero lo estudié a base de bien.

Desde que era un chaval he leído docenas de libros, de los llamados espirituales y afines, donde unos fantásticos gurús nos guiaban hacia la llamada Era de Acuario, o la Convergencia Armónica, o cosa similar. Buena parte de ellos se hicieron famosos y millonarios.

Todos ellos eran farsantes en casi todos los aspectos de la existencia, ¿no se lo cree?
Pues ya estamos donde nos prometieron y mire usted cómo anda la cosa.
Guerras aparte.
Casi mejor yo me compraría un acuario, para pasar los ratos libres mirando el movimiento de los pececitos. Seguro que alcanzaría niveles de conciencia mucho mayores que los que cualquier gurú me pueda prometer. Y me saldría más barato; hay que ser consciente de ello.
Yo es que soy muy de acuarios; es ir a Gijón, La Coruña o San Sebastián, y los pies me llevan derecho al acuario. Sentarme a ver los tiburones pasando por encima de mi cabeza. Sentirse uno con ellos. ¿Llamas gemelas?
A otros les dejo los cardúmenes.

Y continúo: drogas y supersticiones son el alimento infantil, la fosfatina, que tomamos el común del género humano; pensemos en ello.
En el siglo pasado, cuando quisieron salir, avanzar, de las supersticiones ancestrales, de la vieja Matriz, siguiendo teorías como la de la evolución o la mecánica cuántica lo que ocurrió es que se metieron en todo tipo de fantasmadas espiritualistas y en el desarrollo de nuevas sectas.
La más destructiva de todas, sin duda, fue la nazi; basada en la supuesta superioridad racial de un pueblo imaginario, pero hubo muchas más.

Excepto en el bloque rojo, que con asesinar al que sobresalía y exterminar en masa a todo tipo de disidencia se veían felices y gozosos desfilando tras sus enormes armas de destrucción masiva, materialmente radiantes.

Tengo que volver a escuchar la Quinta Sinfonía de D. Shostakóvich, el prodigioso; y después algo de Benjamin Britten, su Réquiem de guerra, para refrescar recuerdos del pasado milenio.
Habrá que seguir buscando en estos días procelosos como crecer en conciencia, siendo feliz en la transcendencia.
O emigrar a Bután, que también podría ser.
Qué charada de noticias y de ideas nos asaltan día tras día, ¿no les parece? Y sin embargo estamos viviendo ya la Edad de Oro que durante milenios se soñó, ¡y nadie se da cuenta!
Nos avisaron los Mayas, los de otrora, que empezamos tiempos nuevos, cambio de Matriz planetaria, el regreso a La Claridad Espiritual.
Pero la avaricia, ¡Ah, la avaricia humana! Sigue siendo muy comilona. La mayoría sigue a oscuras.

Mas de 8.000 millones de personas viviendo el mismo tiempo, evento, ¡en el mismo planeta! Y nadie se da cuenta.
¿Cuándo se vio a millones de personas viajando en modernos trenes, aviones y barcos de un país e incluso de un continente a otro?
La edad de la abundancia es esta. ¿no se dan cuenta?
Una venda oscura, un velo tras otro, tendremos en la vista para no ser conscientes de ello.
Puedo enviar una foto o un correo a una amistad que vive en Tasmania y le llegará en instantes, y ella, a su vez, mandarme un paquete que me llegará ¡en días!

Y seguimos con los: ¡Ay! ¿qué será de mí? ¡me quieren quitar mi dinero! Cerrar los cajeros...
¡Señor, Señor!, Pégate un tiro en un pie, cagueta, que andarás mas ligero.
No aguanto a los miserables, soy así.

Noética de la conciencia humana

Sigo haciendo una ligera investigación circunstancial de la estupidez humana y la falta de conciencia, pues hay mucha gente que duda que tengamos tal cosa, que podamos aislarla y pueda salirse del cuerpo humano.
Las buenas ideas hay que pillarlas por el rabo y no soltarlas aunque te muerdan.

El aburrimiento, el tedio, es el rabo, el cerdito que revuelve a toda la cochinera, algo que nos consume pues el movimiento universal nos impele a actuar o al menos a hablar de continuo y nos resulta extremadamente difícil quedarnos quietos, en silencio, con la mente callada.
Esto es algo que nos hace sentir como estar en otro universo, el primordial, el de La Vaciedad, el de los no-nacidos en la carne o algo así. En vez de aburrido te sientes plácido.

¡Pero yo quiero girar! Que algo se mueva, entonces...
Sacrifiquemos algo; sacrificar reses en honor de un familiar fallecido, una hija que se casa o porque ha ganado tu equipo deportivo es una costumbre ya ancestral y bien asentada en nuestra humanidad.
¿Qué culpa tienen los animalitos?
Bueno, total, iban a morir igual.

¡Mate la gallina!
Sí, aunque ponga huevos de oro, antes de que pierda fuerza
su carne, ¡ahora!
Verá usted que caldos más buenos hace con ella.
Mas o menos en este terrible acto se resume todo el
conocimiento humano de este mundo y dimensión 3.

¡Ah! Y pele usted la gallina. Igual las plumas le sientan mal.
¿Le parece una tontería lo que acaba de leer?
Pues ahora discurra sobre las guerras y crisis internacionales
de los últimos... ¿cinco mil años?
Cuando una civilización comienza a dar frutos y está a punto
de dar un paso definitivo ¿qué ocurre?, ¿qué se les ocurre
hacer a los controladores de turno?
¡Pues sí! Eso mismo.

¡Umm!, ¡me encanta el caldo de gallina! Me hace recordar a
mis abuelas.
¿Y a usted? Ellas pasaron la terrible Guerra Civil Española, y
el hambre consecuente.
Ya, bueno, que ya no hay gallinas como las de antes; ahora
son mutantes...

No escribo para ágrafos, incapaces de escribir bien incluso
sus insultos. No todo vale llegados a este punto.
Debemos comenzar a contar, y nunca mejor dicho, que se lo
dice un cuentista, el tiempo por sucesos, eventos, festejos, no
por calendarios, horarios, trabajos, esfuerzos.
No quiero ponerles los nervios de punta con lo que les
cuento pero presten atención a esto: nos quieren hacer
"trans" a todos; comenzando por los alimentos, las ideologías,
los programas de televisión...
Yo soy... del transiberiano. Cuarta generación de ferroviarios.

Estar un poco más espabilados.

Nunca olviden que... *Sic transit gloria mundi, vanitas vanitatis omnia vanitas...*

Astrología y Programación

¡Hola, amigos!. ¿Les extraña el título? Pues enseguida verán la relación.

La mayoría de nosotros asimilamos programación con ordenadores y otras máquinas electrónicas.
Pero hay programaciones de muchos tipos y uno de ellos es la astrología.
Muchas culturas antiguas tuvieron su propia astrología, comenzando por los egipcios.

¿Y qué nos dice el astrólogo?
Pues que la vida humana está determinada, de la cuna a la tumba, por causas exógenas; el movimiento de los planetas y estrellas en el cielo observable a simple vista.
Así pues hay personas que creen, ¡todavía hoy día! en la influencia del paso del planeta Plutón por la constelación del Macho Montés o la de Neptuno por la del Carnero.

¿Qué puede haber de cierto en este asunto?
La vieja Matriz 3D es la causa.
Las estrellas predisponen pero no disponen, aquí abajo, a los matriciales.
Si mi madre me dio a luz en el centro de la ciudad de León, al mediodía, un día de verano cuando el Sol pasaba justo por

delante de la estrella Regulo, el Rey, el Corazón del León, ¿qué estaba yo predispuesto a ser y qué he sido en esta vida? Hay muchos más factores en juego y vuelvo siempre a lo mismo: ¿de cuales es usted consciente?

La astrología te indica: mira allá arriba, está todo lleno de seres, diferentes, con una existencia muy longeva, que influyen sobre todo lo que hay en este mundo. Desde lo más profundo, el centro del planeta, hasta la Magnetosfera. En especial el Sol.

El Juego de las Casas Zodiacales es muy divertido, hoy día casi completamente perdido, se puede disfrutar siendo consciente de por dónde andas y con quienes, o padecer inconscientemente dejando que sea la estrella enana Sol la que te vaya pasando de una a otra Casa. Como de invierno a primavera.

A mí me encantan las chicas Géminis y me espantan los tíos Capricornio. Por algo será.

Pruebe usted a ser un mes completo un Acuario o un... Virgo. Y verá que risas...

No siga usted por la vida como un ser programado y elija bien sus relaciones. Más de 120 cartas natales, hechas a mano primero y después con un programa de ordenador, con mis libros comprados sobre el tema, me aseguran que lo que les digo es verificable.

Yo no creo en esto, lo dejé hace años; yo sé como funciona. Y ahora le toca a usted aprender y descubrir que todo esto se está moviendo, cambiando a... una nueva Matriz.

Los cambios afectarán a cada uno según su condición personal, la de su conciencia. La nueva Matriz no es fija, tiene altibajos. Estén atentos.

El movimiento perpetuo y el agua

¡Hola amigos! ¿Cómo andamos?

Espero que bien, el caso es no quedarse parado.

¿Qué produce el movimiento? Los físicos creen que es una
partícula, algún tipo de bosón. Yo ya no.
Y me explico: todo en nosotros se mueve, unos dos tercios
de nuestro organismo está compuesto simple y llanamente
por agua (de ahí la necesidad de hidratarse
convenientemente)
Atención: ¡el agua! ¿Usted sabe que el agua no para de
moverse?
El agua se mueve a nivel molecular, la danza del agua lo
llaman, de manera constante. El agua que forma su cuerpo,
no solo su sangre y otros líquidos viscosos, sino también el
corazón o el cerebro está moviéndose ¡constantemente! No
para un instante quieta, y si se nota usted algo raro, pesado,
en fin que no está a gusto, baile un poco; sí, a ser posible con
su pareja, y verá cómo nota la mejoría.
El imparable movimiento del agua que hay en su cerebro le
impele a estar pensando, hablando, cotorreando incluso
consigo mismo.
¿No me cree? Intente usted pararlo.
Se quedará... seco.

¿Ya? ¿Ha tenido un... momento Zen?
¡Uff! Parar eso cuesta y duele, pero después bailas mejor; te
has dado cuenta de que si algo se mueve o en este caso: tu
cerebro no es capaz de parar de hablar desde que te

enseñaron a hacerlo, es por algo.

Es un fastidio si eres varón, pero un regalo mágico si eres varona, como se lee en El Génesis.

¿Qué produce el movimiento universal? Todas esas partículas atómicas y subatómicas que crean estrellas y galaxias que no paran un momento quietas.

Todos esos animalicos que andamos por este mundo; ¿no lo ve? Eso es porque se le están quedando los ojos pequeños, ¿no lo sabe? ¿qué edad tiene?

Cuando se nos pasa la edad reproductiva a los humanos se nos reduce el tamaño relativo de los ojos y cada año se alcanza menos a pispar; ya no son necesarios para su labor esencial: buscar pareja con la cual... reproducirse.

¿Qué será lo que produce el movimiento? Es un problema de conciencia este, deberíamos atacarlo con una Ciencia con Conciencia. ¿Y si no es una partícula? ¿Y si la ciencia actual, sin conciencia, estuviera equivocada? ¿Podría ser que hubiera un bosón como mecanismo de transmisión y el pensamiento produjese la creación? Entonces habría ondas y más ondas por todas partes, pienso yo.

Amigo, que me está leyendo, ¿sería usted capaz de pensar que este cuentista ha perdido el tiempo en algún momento desde que fue concebido?

Ni un... minuto.

Hasta la próxima, majetes, a cuidarse, que el tiempo es oro... o agua...

De los platos luminosos o chacras

Hola amigos, ¿qué tal están? Confío en que bien.

Hoy les hablo de los platos luminosos o ruedas de energía en el ser humano; en La India les llamán chacras. Los platos superiores son bien conocidos en la cultura europea, en especial en su zona occidental.
Hay muchas representaciones pictóricas.

Se lo apunto pues algunas amistades me comentan sobre calambrazos en la cabeza o en la base de la columna vertebral; eso depende de en dónde tengan el punto de atención para su conciencia.
Hay un problema de atención en el ser humano, especialmente entre los que vivimos en ciudades. No atendemos a nuestra respiración o a los latidos del corazón. Siempre estamos atentos a lo que sucede ¡fuera del cuerpo humano! Siempre distraídos, inconscientes, de nosotros mismos. Y más ahora con los teléfonos.
Hay que estar atentos a los dolores en los hombros o rigidez en el cuello, como si algo nos sujetara.
Y ya no digo a corrientes eléctricas bajando de la cabeza o subiendo por la espalda. ¿No pueden parar un minuto de estar tecleando en el celular?
Si la corriente baja desde la crisma usted sentirá frescor en todo el cuerpo, pero si la corriente sube hacia el ombligo y más arriba sentirá calor en las partes bajas.

Le están limpiando, atento.

Recuerde esto siempre: **la energía transmite información.** Cuando enciendo el ordenador no pongo los dedos en el enchufe, ¡sí!, espero a que esté activado y después busco la información conveniente. Del tiempo atmosférico sobre todo.
Si solo notan calor o frescor se están perdiendo el mensaje.

Es el mismo sistema en lo material que en lo espiritual.
¡No nos electrocutemos con este asunto!
Las energías, especialmente las oscuras y pesadas pueden
jugarnos malas pasadas; te puedes llegar a ver con la boca
abierta y mirando al techo sin saber porqué.

Es bueno tener energía personal pero como carezcas de
información veraz...

Hay muchos <u>platos luminosos</u> repartidos por todo el cuerpo
y fuera de él, y de variados tamaños.
El caso es tenerlos bien limpios. Y estar siempre atento a uno
mismo, como cuando lavas platos a mano y no quieres que
alguno se vaya al suelo; ni aunque sea un platito de las tazas
de café.
Con la boca limpia se lo digo: viva usted lo mejor que sepa y
trate de ser buena persona; tal vez algún día pase de ser un
creyente a un sintiente.
No podemos seguir siendo ignorantes al respecto.
Procure guardar un equilibrio consciente entre lo que toma y
lo que deja; los excesos no son buenos.
Somos seres complejos, pero separamos demasiado la parte
real de la imaginaria; y así andamos por la vida con... los
platos sucios. No espere usted a fallecer y que le envíen al
túnel de lavado... ¡El túnel de luz! ¿No me cree?

Papones y peluqueras

Hola amigos, ¿qué tal andamos?
Se acercan unas fechas muy especiales, La Semana Santa, y
todos los años me encuentro con turistas que me hacen la

misma pregunta: ¿porqué los penitentes de esta ciudad, León,
van siempre con la cabeza cubierta por un capuchón?
Bien, intentaré dar una contestación que sirva para los de
aquí y los de Valparaiso, Chile.

Fue algo que me ocurrió, hace unos años, en la ciudad de
Santander. Llevaba días andando El Camino de Santiago por
la Costa y decidí dejarlo allí y volver a casa. Busqué un
hotelito donde asearme, ducharme, afeitarme, bien, pero...
¡tenía unas greñas!
Buscar una peluquería deprisa y corriendo antes de que
cerraran. Encontré una *"academia"*, llena de mujeres con sus
niños y pregunté al *"master"*. Sí, tendría que esperar mi turno
pero me arreglarían la cabeza.
Después de media hora angustiosa ya me había hecho fiel
seguidor del rey Herodes. ¿Qué pasa con los niños de ahora?
Son más respetuosos los bonobos.
Pero todo le llega al que sabe esperar; finalmente quedó una
silla libre y me invitaron a sentarme, ¡bien! Al fin.
De mis largos cabellos se ocupó la chica que barría los pelos
del local. Claro, al ser varón no iba a ser el *"master"* quien se
ocupara de mi persona.
¿Cortar la cabeza?
No, solo reperfilar mi cabellera.
No sé qué entendió la sardinera pero el caso es que me dejó
hecho unos zorros.
Yo adopté de entrada una actitud estólida, casi de monje zen.
Sobre todo mientras me fregaba la cabeza.
No tenía ni pajolera idea la muchacha de cómo usar las tijeras
y el peine. Tras muchos pinchazos y tirones de pelo se dio
por satisfecha. El *"master"* se acercó para recortarme las
patillas y ala, a pasar por caja.

Salí totalmente perdida la cabeza de aquel local y no era capaz de orientarme. Menos mal que un policía municipal se apiadó de mi estado calamitoso y me indicó hacia mi restaurante favorito.

Llegué llorando, como les cuento, al mesón Los Arcos pero la camarera enseguida se hizo cargo de mi penitente persona.

Incluso me ofreció una gorra para la cabeza, ¡sí!.
No gracias, me aguantaré el mal trago.
Era una gorra del Racing de Santander y yo soy de La Cultural Leonesa.
No quería yo tocar fondo aquella noche y con la pitanza me recompuse un poco.

De camino al hotel paré en un local a tomar un algo, un chispum. Había un grupo de turistas inglesas, (¿o eran de Casiopea? no recuerdo), el caso es que les caí en gracia con mi aspecto, y a un trago le siguió otro y otro, y así hasta la melopea. Estábamos en la calle Calderón de la Barca, y como la vida es sueño...
Me acompañaron hasta la puerta del hotel (y no recuerdo si incluso me acostaron)
Al día siguiente busqué transporte para León, y no me quité la capucha del chubasquero hasta llegar a casa.
Así que ya sabe usted el porqué los papones de León van con la cabeza cubierta: para que no se vea el destrozo que les habrán hecho días antes las peluqueras.

Estación Intermodal Atemporal y las Vías temporales

Aún con las brasas se puede asar un cordero y la vida, real, no es tal y como nos hacen creer. Incluso nuestros animales de compañía se dan cuenta del hecho.

He creado para ustedes varios vídeos sobre lo que denomino la Matriz 3 D y el Tiempo. Avanzamos en su compresión, pero a paso cansino.

Bien, en el año 2021 publiqué mis últimos libros y en ellos iban unas notas llamadas **Diálogos en la Estación Intermodal Atemporal**. Como si el relator trabajara en una gran estación con muchas vías por las cuales van y vienen de continuo mercancías y pasajeros.

Se los resumo y les aclaro lo de las vías...

Muchas vías de... donde vean tren pongan tiempo y conciencia. ¿Sí?

En la vía Primera está la conciencia, como un mar o un océano, como mejor lo puedan visualizar ustedes, estable y en plenitud. Se puede concretar, en un mundo como el nuestro, como algo mineral, vegetal o animal, y de otros modos. Siempre está ahí.

Por la vía Segunda, para nuestro entendimiento, fluye el subconsciente. Se enteran mejor nuestros animales de compañía, pues nosotros siempre estamos atentos a la tele o el móvil o cualquier cosa. Como mucho pillamos algo a través de los sueños, mejor aún: de las pesadillas.

Para que lo visualicen en modo ferroviario: les hablo de los trenes subterráneos, el Metro. ¿Sí?

La vía 3 son las Cercanías por las cuales circulamos todos nosotros a diario, a pie, en bus, en automóvil; en ese plan. Es en este nivel, ya superficial, donde funciona nuestra vieja Matriz 3 D desde hace miles de años. Una vida artificial que tomamos por "natural" sin hacernos preguntas. Y así nos tienen esclavizados.

Yo trabajo mucho por el dinero. *Libremente.* ¡Ja!

Bueno, hay más vías en la E. I. A.; por la Cuarta ya tenemos los viajes regionales. Los niños lo llaman *"hacer viajes astrales"*. Pero no van a ningún astro, no se piensen ustedes.

Como mucho a La Luna; y a los de allí les sienta muy mal. No pueden vernos ni en pintura; no quieren que nos libremos del hipnotismo colectivo que asola este mundo.

Nos quieren medievalistas, terraplanistas, en ese plan...

Por la Quinta últimamente van dejando llegar pasajeros y mercancías, sin abusar oiga. Es tan solo para que nos vayamos haciendo una idea de su existencia los de Cercanías. Nos quieren poco cargados y a menudo nos... extravían las mochilas y otras pertenencias a los que de aquí quieren partir, ¡sí! mientras le ponen alfombra roja a los que llegan de allá. ¿Y eso porqué?

Estrictos controles de seguridad para los que quieren partir, parabienes a los que llegan. ¿Dónde ven la diferencia?

Yo es que soy un empleado, a mí no me pregunten, yo solo trabajo en esta empresa.

¿Hasta qué o a partir de que punto los llamados Homo Sapiens Sapiens somos naturales de este planeta? Pues todos nos vemos carnales, y sangramos si nos pinchan. ¿No?

Por la Sexta suelen venir viajeras en otro plan, más como peregrinos del Camino de Santiago que están de paso y no se quieren dejar engañar por estas apariencias. También me ha surgido con algunas de ellas la discusión (muy peregrina) sobre la evolución del ser humano en este mundo; mas que una raza les parecemos una mezcolanza de gentes de lo más variopinto.

Pero... ¿cuántos somos de aquí y cuántos de fuera?

Ni los de Servicio de Atención al Viajero ni los de las Contratas de Limpieza lo sabemos.

Hay muchas más vías, docenas, y tan solo los del Control de Tráfico Centralizado manejan el tema.

Por esa causa no puedo explayarme en el asunto, y es que hemos tenido visitas de gentes que no necesitan utilizar vía alguna; descienden a este muladar de mundo así, sin más, desde sus luminosos hogares, utilizando frecuencias muy elevadas. **¡Protestas!**

Sí, nos protestan a los currantes.

Que seguimos con los cultos antiguos, me pican y repican: los sacrificios, degollando corderos, sacando imágenes de Santas en andas y en ese plan.

Me hacen sentir ¡neandertal! Y tal y tal.

Va, bueno, esto solo le pasa al que trabaja, como es bien sabido, y nunca al jefazo que está leyendo el Marca con los pies encima de la mesa.

Y ¿qué quieren que les diga? Si lo ven mal: de perdidos... al río.

El Entierro de Genarín, mi versión.

Hoy os hablaré del Entierro de Genarín, en la confianza de que los jenízaros que hacen la *"procesión"* este año tampoco le prendan fuego al barrio. O al menos que salvemos los muebles.

Lo que son las cosas y como menguan o crecen según el albur de algún ángel seráfico.

Les paso mi versión de este asunto: recuerdo que una noche de Jueves Santo, a finales de los años 70, estábamos tomando algo en El Cafetín, cerca de la catedral, un grupo de montañeros y espeleólogos, serían las doce de la noche o por ahí.

Bien, en algún momento entró el señor Pérez Herrero, que vivía en el piso de arriba, para pedir adeptos a su causa.
Apenas nombrarlo: al Santo Pellejero, toda la tropa jipiosa y melenuda nos fuimos tras él hasta el Caño Badillo.
Tras escuchar unos poemas satíricos y desastrosos, de una gente con capa, marchamos en orden penitencial tras un carro cargado con botellas de orujo berciano y un gran altavoz.
Del carro tiraba un borrico y del borrico un gitano. Me parece que era del Puente Castro.
Penitenciando fuimos haciendo paradas para soltar unas coplas y echar unos tragos hasta el lugar del deceso genariano; en aquel lugar de la carretera de Los Cubos donde sucedió que Genaro fue finiquitado por el carro de la basura (le pilló con los pantalones bajados)
Los basureros siempre conducen a lo loco, cosa ya sabida desde los tiempos de los romanos.
En fin, que íbamos haciendo paradas y libaciones de su licor preferido hasta que llegamos al Cubo que marca la tradición.

Entonces un montañero de la tropa, **Yuma** le decíamos, subió hasta un agujero en la muralla y dejó allí una ofrenda ¡y sin encordarse ni nada!
Debía de ser el único de la peña que a esas horas aún era capaz de mantenerse derecho sobre las dos piernas.
Si afirmase que seríamos más de 30 personas me parecería que estaría exagerando.

Terminado el ritual una encantadora chica asturiana me
acompañó hasta cerca de casa.
Me iba contando que había marchado a La India para el rollo
espiritual, el yoga y bla, bla, bla, pero que se había vuelto de
allí un poco desencantada; que si no progresaba, que si no le

subía la Kundalini (¿o no le bajaba? No estaba yo muy
católico a esas horas) Pero que después de esta experiencia
leonesa igual se volvía al Asram la semana próxima.
Pues nada, le di recuerdos para el Sai Baba, o con el que
estuviera y conseguí llegar a casa. Yo estaba más por estudiar
el Kamasutra o cosa similar, pero eso son cosas de la edad.
Y eso es lo que recuerdo de aquel día.
En fin, que este año también habrá Entierro de Genarín y les
deseo a los jenízaros procesionantes mis mejores venturas,
pero que no quemen coches o contenedores de la basura y
cosas de esas.

1, 2, 3, Escondite Inglés. Ojos que no ven...

¿Han jugado alguna vez al escondite inglés? Nuestra vida es
muy similar, ¿no lo conoce?
Un niño se pone de cara a un muro y tiene que taparse la cara
con una mano y la otra dejarla a la espalda, los demás niños,
comenzando a una distancia prudencial, intentan acercarse
para llegar a ser el primero en palmear y eliminar al contable.
¡1, 2, 3, esconderite inglés!
Y te quitas la mano de los ojos y giras la cara; si ves a alguno
de tus compinches de juego moviéndose tiene que sustituirte
en el puesto de cara a la pared pues los demás, los demás, y
esto es lo bueno: ¡son invisibles! ¿Y eso?

Tan solo **el movimiento nos delata**, esto lo aprendemos ya de niños.

Atención, esto va para los sesudos conspiranóicos iletrados, nada alfanuméricos, que les da por discurrir sobre lo que llaman The Matrix. Un mundo imperceptible.

Pero si esto ya lo sabíamos de niños: 1, 2, 3, ¡escondite inglés!

Y ahora muévase, levántese, salga a la calle, o baile un poco por casa si el tiempo no acompaña, o mejor aún: tome unas mancuernas y haga unas combinaciones de pullover y sentadillas.

Sentirá como su caja torácica se expande y expande. Únase al sentir general, expansivo; no deje de hacerlo hasta tener por lo menos 120 centímetros de contorno torácico.

Saque pecho al salir a la calle, y le digo lo mismo a las mujeres: ande derecho, ¡cojona!

Y *The Matrix* le sonreirá, ¡sí!

Ojos que no ven: 1, 2, 3, ¡esconderite inglés!

Así ocurre con nuestros teléfonos y ordenadores, por ejemplo; de continuo entran en ellos y los manipulan sin que nosotros nos enteremos. Ni aunque tengan el mejor antivirus de pago que puedan comprar.

Es inútil contra ciertas cosas. Inteligentes.

Ya me contarán ustedes lo que ven, si se quitan la mano de la cara, claro.

Durante la Era de Piscis había que estar de continuo mirando hacia atrás, o tener ojos en la nuca; ustedes ya me entienden.

En la Era de Acuario lo mejor será hacerse escanciador.

Menos materialista.

Mirar sin ver y así entender

¡Qué suaves andamos estos días!, ¿verdad?

Yo estoy limpiando las bombillas de casa, pero por dentro.

No termino de ver claro lo que está ocurriendo.

Voy a hacer un ejercicio de absoluta futilidad.

¿Querrían ustedes ver sin mirar con los ojos?

Unos segundos nada más.

Podrían, tal vez, ver el campo de los números imaginarios utilizando su imaginación.

No les hablo de fantasía y ciencia ficción.

Les pregunto, a ver si ustedes saben: ¿porqué existimos a la vez los seres de carne y los *"transparentes"*? Los de con cerebro y los de sin él.

Los que se enteran de lo que hay en su cerebro interior y los que no; a los carnales me refiero ahora.

Los *"transparentes"* que se mueven con los platos superiores, y los que lo hacen con los platos inferiores plenamente sumidos en la vieja Matriz 3D, y así no perciben más allá de los sentidos corporales o la programación establecida.

Estoy como un oso: que cuando hinca el diente en algo no lo suelta fácilmente, pues asimilar que también podemos ser seres incorpóreos, imaginarios, nos parece a todos un hueso muy duro de roer.

Cuando nuestro mundo se ha vuelto tan artificial, tan de aire acondicionado, tan... esterilizado, interconectado con todas las cosas, de casa, del trabajo, de la calle...; los seres humanos parecemos chavales con su cuarto lleno de cachivaches y juguetes electrónicos.

¡Juegos de ordenador! Eso mola.

Pero es que lo único *"natural"* que nos queda a mano son nuestros animales de compañía...

¿Cuánto hay de artificial en nuestra vida diaria? ¿Y cuánto habrá en la futura?.

Les pongo un ejemplo de libro: desde hace años se intenta vender unas máquinas que reproducen alimentos: filetes de pollo o ternera, zanahorias, cosas así.

Pero el caso es que lo que logran son productos <u>cancerígenos</u>, pues funcionan en tres dimensiones; son pura vieja Matriz 3D.

Para replicar alimentos orgánicos han de comenzar a fabricar máquinas que utilicen la geometría en cinco dimensiones, 5D.

¡Sí! Y hasta que no lo consigan seguiremos con las zanahorias de toda la vida. Yo por lo menos. Y las lentejas, claro...

Y seguiré dándole vueltas a este asunto espiritual como un perro que se quiere morder el rabo: ¿es necesario ser incorpóreo, imaginario, para alcanzar la inmortalidad del yo?.

Pues de modo carnal duramos lo que duramos, que suele ser poco.

Siempre estamos con el temor a la pérdida de la individualidad, y no pasamos de rascar la piel de este asunto.

¿Usted qué opina al respecto?

Mirando al universo: partículas y huecos

Unas veces ahondamos y otras ascendemos, así somos los seres humanos.

Soy aficionado a la astronomía desde los 15 años y cada poco vuelvo sobre el tema.

Os comentaré algo; os resultará interesante.

Según nos cuentan ya en el universo temprano tan pronto

aparecían "agujeros negros" como desaparecían estrellas, lo cual produce cambios constantes.
Son noticias de los telescopios espaciales.

El universo nunca ha parado de evolucionar.
Así como en la estructura atómica aparecieron elementos tales que podían contener un elevado número de electrones, y

en algún momento perderles, dejando un hueco, eso dio lugar a los denominados semiconductores: germanio y silicio son los más conocidos. Pues algo parecido ocurrió con el material esencial del universo apareciendo huecos oscuros; los famosos agujeros.
Estos huecos, cada cierto tiempo, reciben el relleno de una cercana estrella que deshará su carga en su interior, hasta que el agujero vuelva a quedar como estaba, o un poquito mayor.
El caso es que ese *tejido universal* sigue conduciendo la energía y evolucionando con la aparición de nuevos elementos químicos más complejos.
Así nacen de continuo nuevas estrellas en cuya composición ya intervienen esos materiales más pesados que los que formaron las primeras. Que eran tan solo de hidrógeno y helio.
¿Ven ustedes por dónde voy?
Porque hay algo que me lleva...

El universo evoluciona constantemente hacia cosas más interesantes que unas zonas repletas de *"Unos"*, las maravillosas estrellas, y *"Ceros"*, los ¡espantosos agujeros negros!
Y además ocurre que, por el momento, la Materia Oscura no podemos percibirla; tal vez porque sea tan brillante, tan de alta o baja frecuencia que no la percibimos. Y tan solo los

astrónomos notan tensiones tremendas en las agrupaciones galácticas.

A oscuras seguimos en este tema pues seguimos a una Ciencia sin Conciencia que tan solo ve polvo estelar, globos luminosos y *"agujeros negros"*. Y todo sucede **por casualidad**. Como esa enorme luna que vemos girando en el cielo y que casualmente produce eclipses solares.

También por casualidad siempre nos muestra la misma cara. No confundan causalidad con casualidad, y lo verán más claro. Cuando las cosas se hacen adrede es por algo...

El oro y la evolución humana

¿Recuerdan lo que les conté de la evolución estelar? La tabla periódica de elementos químicos no para de crecer. Pero... ¡qué hedor extraño desprende eso que llamamos Luna! ¿Verdad?

¿Y nosotros? Los minúsculos, a su lado, seres humanos, biológicos y todo eso, ¿hasta dónde podemos llegar evolucionando? Pues si en todo ha de haber un orden y un límite: ¿cuál es el sentido y límite de los seres vivos en este mundo?

Hasta el elemento químico que llamamos oro podríamos llegar, pues más allá está el plomo que nos resulta venenoso a todas las formas de vida de este planeta.

Nuestra biología tiene esa limitación y por ello nos dañan tanto las radiaciones, especialmente las **ionizantes**.

Nosotros tenemos algo de hierro en la sangre y músculos, tenemos nuestro electromagnetismo particular, incluso en el cerebro, pero mejor no meter los dedos en un enchufe, ¿de acuerdo?

Esto es algo que aprendí de niño, menos mal que la tensión era de 110 voltios y no había mas aparatos funcionando que la radio de la abuela. Escuchando al padre Javier de Valladolid seguramente.

Los alquimistas jugaron durante siglos con el oro para intentar conseguir medicinas, pero no resultó pues nuestro cuerpo tan solo acepta cantidades ínfimas de ese mineral.

He leído algo sobre lo que denominan oro mono-atómico, una cosa rara, que se ha encontrado en tumbas de reyes de Egipto como ofrenda, en alimentos para los dioses. Pero para los humanos de este mundo no es factible como algo comestible; no lo digerimos ni asimilamos.

Los egipcios de ciertas dinastías hacían un *"pan de oro"* moliendo el material y añadiendo ciertas cantidades para sus reyes. Pero es que Osiris y compañía no eran de este mundo...

De todos modos algo raro debió ocurrir en aquella época pues la gente se puso como loca a buscar oro y cargar con él Nilo arriba y abajo.

Cuanto más rico y poderoso el personaje más oro cargaba encima en todo tipo de abalorios, coronas y demás cachivaches. Para parecerse a los señores de las estrellas.

Y ese modo de proceder se extendió desde Egipto a todas partes. No solo los reyes y sus palacios, también los templos se llenaron de oro, o plata en su defecto.

Actualmente el oro se utiliza en ingeniería, electrónica de alta precisión y microinformática, por sus buenas cualidades en la transmisión de la energía y la información.

En cierto modo se puede decir que vivimos en La Edad de
Oro, ¡sí!
Piénselo cada vez que utilice su teléfono u ordenador.

¿Se puede ir más allá del oro?
¡Hacia La Luz!
Pero entonces nos vamos saliendo de lo biológico. A lo
electromagnético. Sí.

Un ejemplo: la fibra óptica. Tiene cualidades muy superiores
al oro mas puro pues puede transmitir con un menor gasto
de energía y de pérdidas de información. Es uno de esos
"inventos causales" que han ido cambiando nuestra civilización
a pasos agigantados.
Y más modernamente otro *"invento causal"* está produciendo
cambios aún más acelerados, pero no quiero sacarle punta al
lapicero y largar velas mientras no tornen los vientos.
Pensar en este asunto me produce sopor, y yo no estoy por
esa labor.
Mejor me apuntaría a una academia de bailes de salón y
aprender a bailar Rigodón con mi esposa.
Que hay que saber nadar y guardar la ropa...

Avatares o fundas humanas

¿Recuerdan lo de los huecos y partículas de un escrito
anterior?
Puede dar mucho juego este tema, pero vayamos con las
"fundas".
O sea: los cuerpos de carne y hueso.
Van mejorando, sí, van mejorando; en especial los de las

chicas. La primavera la sangre altera y les sobra ropa, al parecer.

¡Fundas!, sí. En Internet les suelen llamar avatares, como los personajes de una famosa película.
Yo prefiero el término funda porque tengo muchos años de ferroviario a cuestas. El caso es que no siempre la soportamos, ni nos soportamos a nosotros mismos, ¿porqué será?

Hay que procurar que no se nos crispen los ánimos por las noticias que a diario echan en los televisores.
¿No sería mejor poner nuestros cerebros a trabajar en algo que nos ayude a pasar estos malos tragos?

La evolución.
Nos han engañado tanto con la llamada teoría de la evolución humana..., y que si la miras de cerca no es más válida que una rodea de Valladolid. Para limpiar la cocina y el escusado, y para de contar.
La realidad es que nos tienen de *"mortadelos y filemones"*, avatares, para sus juegos artificiales y nos tenemos que creer que es algo ¡natural!
Como, por ejemplo, las guerras de los últimos años, las que están por comenzar, y sucesos similares.
Pide una pizza...
¡Diversión asegurada!
Pero solo para los <u>almas</u>. Nosotros, los carnales, ponemos los destrozos y los muertos.

Todo esto: la vieja Matriz 3D, se realizó gracias al trabajo de mucha gente super-inteligente.
No se consigue un vino gran reserva mirando como crecen las uvas en la parra.

¡Están verdes! Dijo la zorra.
Dese usted un homenaje y adquiera una botella de un vino
especial, de los caros, y con unas anchoas y un queso
zamorano prepare algo informal.

Disfrute del verdor primaveral saliendo al campo, a pasear a
la orilla del río o como mejor pueda.
Vístase con ropas de colores alegres, camisas de un blanco
perla, ¿qué tal una visita a la peluquería?

Sí, vale, tengo que ir al dentista para que elimine las muestras
de un vida disoluta, alocada, de ferroviario.

Tengo ya una edad en que no me produce rubor ni el mostrar
mi oscura dentadura, y en la clínica me han asegurado que no
utilizarán anestesia alguna...
Las chicas de hoy día tienen unos piños tan... ¡Aum...!

Cargos de Conciencia

Mucho de lo que percibimos en el mundo y el universo
empieza como algo imaginario y que tal vez llegue a ser algo
que llamaremos real. Así es como suceden las cosas.
Tal vez primero sea una tenue nebulosidad lo que veamos
antes de llegar a algo palpable.
El caso es captar el meollo del asunto: **Conciencia y Vida**.
¿Existe alguna diferencia?
Tener conciencia no es estar hablando continuamente,
incluso consigo mismo.
Mientras sigamos creyendo que solo puede haber conciencia
en unas pocas formas de vida biológica, humanas a ser
posible, seguiremos a oscuras.

Estoy pillando, desde hace un tiempo, una idea por la cola...
¡y puede que me muerda!
Me estoy dejando la piel en este asunto...
Suceden cosas en la vida que, por ignorancia, nos llenan de
cargos de conciencia.
Les pongo un ejemplo: su teléfono puede enviar y recibir
información muy variada a o de cualquier rincón del planeta
pero cuando su batería se agota tiene que ir corriendo a
buscar un enchufe donde recargarla.

¡Cargarme el móvil!
En la chepa te lo tendría que poner para que fueras bien
cargado con el ladrillo que te has comprado.
¿Porqué los teléfonos además de los mensajes y otras
aplicaciones no reciben también la energía necesaria para
funcionar y hay que *"cargar"* las baterías?
Con una mínima pila para encender y apagar el aparato
sobraría...
¿Porqué hemos de guardar en el aparato fotos y vídeos
llenando su memoria?
No es necesario para su correcto funcionamiento.
¿Y usted?
¿Cuántas cosas tiene *"cargadas en la memoria"*? ¿Realmente le
son necesarias?
Son cargos de conciencia.

El planeta y el universo no paran de moverse y cambiar,
estoy machacón con el tema; es necesario por tanto adaptarse
continuamente, corporalmente. Pero, ¿y qué hace el *"alma"*?
Pues a la espera se queda de lo que los carnales podamos
lograr.
Con la ayuda de Dios, y si nos esforzamos. Claro está.
Tan solo cambios cosméticos veo yo, por el momento.
Los *"cambios en el ADN"* que pudieran ocurrir en años

venideros son pro beneficio de... los *"almas"*.
Eso sí, las chicas cada generación serán más altas y guapas.

No voy a tensar más la cuerda hablando sobre lo que llaman
el código genético, que me sale el neandertal que tengo de
herencia, un asturiano de hace muchos miles de años, y me
calienta el coco con un ardor de cuidado. Hace años me hice
un estudio del ADN y guardo los datos.

Tiempo lineal y salto de vías temporales

Dicen que la edad está en la mente, que no importa la
biología pues... ¡me caguen en todos los demonios
coronados! Yo me veo cada año más pellejo.
Cambiando de tema: una de las cosas que más me ha costado
asimilar es pasar de la concepción de un tiempo lineal, de
reloj y calendario, a un tiempo de sucesos.
Mi Tiempo-Espacio 8 Π, donde no es cuestión de que pasen
semanas y meses sino de que ¡sucedan cosas!

Poca gente es consciente de que existen los saltos mentales
de una vía temporal a otra: por ejemplo: a una donde no se
han inventado ni los aparatos de radio. ¡Sí!
No escucharás a Los Chunguitos cantando: ¡Dame veneno,
que quiero morir...!
¡¡Nunca!!
¿Lo pasa usted a creer? Es cierto.
Es difícil de aceptar tal cosa, lo sé: hay días que está uno
como cojón de foca, arrastrándose, con el mundo a cuestas.
Incapaz de imaginar el poder saltar de un lugar a otro, de un
Campo Temporal a otro, pero no se preocupe es algo banal y
se pasa. ¿Tiene problemas estomacales? ¿Intestinales?

Se busca remedio y en paz.

Intento comunicarles que existen otras humanidades, como
la nuestra, la que sale a diario en las teles, y que están este
planeta. También hay otras, pero esas ya están en las estrellas,
¡sí!
Hubo humanidades hace miles y millones de años que
explotaron el planeta de una manera que no somos capaces
de asimilar, de pasar a creer.

Nos dejaron desiertos y estepas, montañas expoliadas, y
nosotros, por ignorancia, lo tomamos como algo natural.

Leo ciencia ficción desde niño y les puedo asegurar que la
realidad siempre supera a la ficción.
Ahora le toca a usted dar ese paso o salto y descubrir un
universo prodigioso que funciona en base a una Ciencia
con... Conciencia.
Recuerde esto: **el Tiempo es Arte**; sea usted creativo y vaya
ganando tiempo para así mejorar, perfeccionar, su conciencia.
Desgraciadamente el modo de vida occidental actual es
similar a un monstruo voraz que nunca para de tragar, de
todo y a todos, sin la menor conciencia del hecho. El abismo
lo tenemos a la vista, amigos.
Dense cuenta ahora, y no lloren después por la leche
derramada.

Ambiente luminoso

Hola amigos, luminosos deseos para todos ustedes.

Esta luz resalta la albura de mis cabellos, ¿no les parece? Pero

tal vez nubla mis neuronas y no acierto a ser más claro y específico. Los turistas agotaron las reservas de limonada leonesa y hay parroquianos que se han tirado al calimocho. ¡Esto es preocupante!
Vale ya de estar parados, mirando como las vacas al tren. Ahora son AVE´s.

Hay que des-aprender lo conocido, adaptarse rápidamente a los cambios; cambios tremendos que debemos evitar que nos resulten dolorosos. Todo va a quedar requetebién.
No quisiera dejar nada en el tintero, que antes de hablarles lo escribo primero, y que tengo que recordar cada poco que hoy día *"tener sentido común"* es seguir con la vieja Matriz 3D. Anciana.
Yo no sé de qué pie calzan cada uno pero seguro que ya saben que no soy cicatero con mis relatos, y les suelto lo que sé. De buena fe.

Estoy en un estado elástico, casi imperturbable, de observador lo más objetivo posible. En fin, de jubilado. Con las noticias de los medios de comunicación me podría montar una comedia, con escenas cantables y bailables; es una charada continuada.
¡Que el tiempo vuela!, ¡y el dinero también! Estén atentos.
¿Qué tal si cambiamos un poco de dirección?
Hay mucha truculencia en el ambiente y me parece que lo mejor sería traer a colación esta idea: es el propio planeta el que está deseando hacer cambios. Sí.

Cambiar la vieja Matriz a una nueva, no fija sino variable; pero el problema son las conciencias humanas, que seguimos

con las viejas historias y mitos de miles de años atrás.
Nos repetimos, constantemente.
Deberíamos ser mas simples y felices, creativos, amorosos.
Es simple cuando lo observas, pero seguimos a oscuras;
apegados a lo de siempre, y así nos va.

Descubrimiento y conquista de las Islas Canarias

Una reflexión sobre el descubrimiento y conquista de las Islas
Canarias, unas sorprendentes coincidencias. Les cuento:

Cuando los españoles llegan a las islas, en plan conquistador,
se encuentran con que los canes canarios son prácticamente
idénticos a los mastines de la montaña leonesa.
Una vez pasadas las hostilidades la gente, ya comienza el
mestizaje, se organiza en cabildos y concejos. El día de fiesta
se hace reunión de concejo para hablar de los problemas que
se tuvieran y después se aprovecha el corro para hacer
aluches.
Lucha canaria, que es la misma que la lucha leonesa.

Cuando Cristóbal Colón regresa de cruzar el charco, tras su
segundo viaje cargado de oro, se inicia la conquista de las
Islas Antillas. Y el sistema empleado será el mismo, que tan
buenos resultados les había dado, en la conquista de las
Canarias. Irán saltando de unas islas a las otras más allá del
Atlántico llevándose consigo a sus perros mastines.

Otra curiosidad leonesa: cuando a finales del siglo XIX una

plaga asoló las Tierras de León echando a perder la uva
Prieto Picudo no les quedó otra, a los viticultores, que
esperar a que desapareciera la plaga y después comenzar a
replantar con cepas traídas de las Islas Canarias.
Concretamente de la isla de Lanzarote. Se supone que en
algún momento, siglos atrás, unos leoneses llevaron sus cepas
a esa isla, pero... ¿de cuántos siglos estamos hablando?
Que los isleños ya bebían vino cuando llegaron los
peninsulares...

¿No deberíamos llamar al vino, tinto y rosado, de León vino
Canario?
Yo es que soy un *"canario"*, de Trobajo del Camino, pero eso
es... una historia familiar.

Renovación acentuada

Pasado el odio nos rellena el amor; olvidemos rencillas y
saludemos a la luz, para nosotros novedosa, de la Sabiduría.
Que somos muy ignorantes.
Que no es igual hacer el mismo camino, que es la vida, que
hacerlo juntos. Además, nos volvemos suspicaces con gran
facilidad; llevamos unos años tremendos, de constantes
sobresaltos.
Siempre nos sale el: piensa mal y acertarás.
Harán falta décadas, a este paso, para cambiar este modo de
ser, oscuro, resabiado, cobarde, malevolente, a uno más
claro, bien-pensante.
Con permiso de la autoridad competente, desde luego.
Llevamos ya mucho tiempo con el agua al cuello, mirando
hacia un futuro a menudo oscuro, y no vemos lo bonito que
luce el sol.

Cuando se está en la Matrix humana y artificiosa la línea entre
la cordura y la locura es más delgada que uno de mis cabellos.
Una de las razones es que tenemos el cerebro dividido,
disociado, y o discurrimos con un lado o sentimos con el
otro.

No es algún tipo de esquizofrenia catalogada, pero sí que
comentan los entendidos que las mujeres tienen mejor
conexión a través del cuerpo calloso y por ello están mejor
conectadas, en líneas generales.
Por ello no paran de sentir y de hablar, de enredarse, de que...
no se entienden ni a sí mismas.
¿Será por La Luna?
Nos enseñaron, desde niños, que teníamos que llenarnos la
cabeza de libros, discos, pinturas, películas, etc. y ahora
tenemos que dejar todo eso atrás...
¿Y qué hago yo ahora con todo lo que tengo en casa? Es
pura Matrix.
Según mi opinión la mayor parte del universo es algo
imaginario. Lo cual no quiere decir que sea de por siempre
incognoscible. Cada poco descubren cosas nuevas.
He hecho vídeos sobre densidades, dimensiones, la materia
oscura y cosas de esas. Tan solo estoy al principio del
camino, pero les hablo en serio.

¿Porqué nos cuesta tanto entender estas cosas?
Los hindúes lo llaman el **Velo de Maya**, los amigos de
Sócrates le decían **Dokos**, yo lo denomino **Matriz 3D**; es
algo que cubre el planeta, incluyendo el fondo de los océanos
y lo que ustedes quieran.
No confundirla con la Matrix de las radio-televisiones,

medios de comunicación de masas, móviles, Internet; todo
ese tinglado moderno montado para la humanidad en las
últimas décadas.
Esto es lo básico, no confundir una cosa antigua con otra
moderna.

Aquello que parece no tener sentido hoy puede ser lo que
más lo tenga de aquí en adelante; es de lo que les voy
avisando.

Candentes noticias

Hola amigos, ¿han visto las noticias? Impresionante, ¿verdad?

Las noticias que echan en las televisiones y escupen las
agencias se resumen a diario en: Destrucción, Violación y
Muerte.
Es lo único que vende para un público adolescente, que
adolece de dos dedos de frente.
Y para distracción: porno, más duro o blando según sea la
sensibilidad del televidente pagador. Pero recuerde que este
festival lo pagamos todos; así viva usted en La Cabrera
criando terneras.

¡Desastre en Papúa-Nueva Guinea! Un volcán ha entrado en
erupción; y te tienes que tragar el noticia mientras engulles,
asustado, embutido en el Mesón Ezequiel de Villamanín.
¡Atención!
¡Tanques rusos atraviesan por enormes grietas la Gran

Muralla China!

¿Lo pasa usted a creer? ¿Eso es real o ciencia ficción?

Jesús, María y José; no esperemos ni a tomar café y salgamos pitando para casa.

¿Tenemos mascarillas? Hay que comprar mascarillas, que igual el polvazo llega hasta aquí...

El loco Iván, ese oso rabioso, no parará en menudencias e igual llega hasta Vietnam.

En cualquier momento el planeta verá crecer una estupenda cosecha de hongos radiactivos.

¿No me cree?

¿No?

¿No me cree? ¿Y sigue mirando la pantalla del móvil?

Pues entonces quédese en casa hasta que el aire deje de relucir y de pasar rayos azules de alta energía. Pinte la fachada y el tejado de azul eléctrico, ¡cuánto antes!

Hay muchas serpientes entre la hierba, vigile a sus vecinos; que su balcón sea un buen puesto de observación.

¿No me cree? ¿De veras?

Pues pase ya de esa... BAZOFIA.

Chapoteamos en una especie de inundación informativa, miles de cosas absurdas constantemente; una charada descomunal según seguimos pateando y chapoteando por la vieja Matriz 3D.

No sea usted carne de cañón, menee su cuerpo sin ton ni son, aunque sea reggaetón... o como se escriba.

Procuremos tomar el sol mientras dure este fiestón.

Pasteurizan, esto es: calientan, la miel cruda para dejarla líquida y así es más fácil de utilizar.

¿Y usted? ¿Se siente ya más... fluido?

¿No?, espere, espere a que llegue el verano. Vigile sus fluidos, amigo.

Si se siente apurado y anda por el centro de León acuda
raudo a la ~~mezquita de benimea.~~ Y lávese las manos al salir,
porfis...,
aún existe en alguna Vía temporal.
(Me parece que es una en la que Morano ha sido designado,
por la autoridad superior competente, Regidor Perpetuo)

¿No me cree? Da igual. Ya verá más claro.

(La mezquita de benimea era un urinario municipal sito en el
centro de la ciudad de León, España. Fue demolida para
construir un aparcamiento subterráneo de automóviles. Don
Juan Morano Masa fue alcalde, Regidor, de esta ciudad, y
después Senador del Reino de España; nada menos)

Soñadores

No hace tantos milenios nuestros antepasados encendían
hogueras a la entrada de las cavernas para mantener alejados
a los leones y los osos, ¡que eran grandes de narices! Y de
zarpas.
Nosotros nos pasamos horas y horas mirando pantallas
grandes y pequeñas. Así pues no me imputen cargas gravosas
que solo se vive una vez y el tiempo vuela.
¿Dieron ustedes permiso a alguien para que experimentara
con sus vidas? ¿No? Mala suerte.
Esto es lo que hay, amigos.

Bien sabe Dios que necesitamos algo para cambiar nuestro
modo de vida, El Sistema que le dicen.
Es muy bonito contemplar el cielo estrellado en las noches
claras de primavera, ¿porqué no hace usted la prueba? Unos

minutos nada más.

No somos tan pequeños como nos han hecho creer, mas bien somos tan grandes como somos capaces de observar, o soñar.

Sigo recomendando tomar agua solar, poner la botella de vidrio en la ventana y dejar un buen rato que le de el sol y beber de ella. Si con el tiempo nota los labios salados eso es buena señal, le está purgando.

¿Le molesta la irracionalidad voluntaria? ¿Sí? Pues entonces mejor será que se vaya a criar terneras a La Cabrera, por que es lo que hay.

Todavía, en nuestros días, encuentras personas que creen que la Tierra es plana, como los que querían pararle los pies a Cristóbal Colón.

¡Que llegarás al borde y os caeréis al abismo!

Lo que natura non da Salamantica non presta, viejo dicho del Reino de León. Pero como me *"presta"* escribir para ustedes les comento: hay hadas y también dragones, son pequeños y encantadores.

¿Les vale con eso? Ah, ¿que usted no los ve? Pues de niño igual sí lo hacía, ¿y ahora porqué no?

¿No me cree?

¿Prefieren que hable de... la corrupción política? Mal endémico del estado español. Me aburre tanto el tema...; sino se reduce el tamaño de ese monstruo insaciable me parece inútil discurrir sobre el asunto. Es una sucesión constante de delitos de todo tipo y por todo el país.

¿Hadas y dragones? ¿sí? ¿no?

En el vino la verdad, y en el agua la salud, decían nuestros ancestros medievales; los que vivían bajo el Fuero de León. Al parecer fue derogado para complacer a los

Colectivos Lgt... ¡puag! Y a los mutantes alienígenas que tanto están haciendo por la humanidad. Son muy populares y salen en programas de televisión como First Dates y *"concursos"* de corte y confección.

La Parada de los monstruos me parecen esos programas televisivos.
¿Y a usted?

Avance imparable

¿La Humanidad avanza? Sí, claro. Pero es un proceso lento, como andar por una espiral ascendente, similar a una gran mina a cielo abierto; y queda mucha cuesta por delante. Descubrir otras dimensiones, por ejemplo, y aprender a utilizarlas para nuestro beneficio será algo que traerá cambios interesantes a la vida cotidiana. Empezaremos por la Cuarta y ya se verá hasta dónde se llega.

La fascinación por lo difícil, en ocasiones por lo imposible es lo que ha movido al ser humano a superarse y que, hoy día, no encendamos una hoguera en mitad de la cocina para calentar un caldero con *"cosas"* flotando en el caldo.
Habría que hacer una catálisis, aceleración, del proceso y después buscar alguna sinergia; más adelante ya se verá a dónde nos conduce esto. Pues a mi modo de ver va muy lento.

Según cuentan los investigadores pasaron miles de años desde que los Cromañón conocieron a los Neandertales y finalmente los... sustituyeron. No fue de un día para otro, sino algo gradual.

Ahora mismo estamos en otro proceso de cambio y evolución gradual que llevará décadas el comenzar a comprender. Es de lo que les hablo.

Hay un *"problemilla"* aquí: **la Salacidad**, esto es la propensión vehemente a la lujuria que tiene nuestra raza.
¿Usted también? ¿Sí?

Entonces es un estupendo espécimen terrícola, ¡alabado sea El Altísimo!, que es bien sabido que debemos reproducirnos y llegar a ser tan numerosos como las arenas de la playa.
Estaremos muy juntitos, eso sí, Tiempo adelante.
Portarse bien...

El Tiempo relativo, viejos estereotipos

Hola amigos, ¿están pasando frío? La primavera la sangre altera, y pronto hará calor.

Tal vez no sea el tiempo lo que corre tanto sino nosotros, o al menos alguna de mis amistades que van tan raudos por la calle que no paran ni a saludar.
¡Agur, Ben Hur!
No por mucho correr amanece mas temprano, ni nos libraremos de la tiranía actual y sus guerras programadas.
Con estas cosas que os cuento voy caminando por la cuerda floja, pero no caeré, no, en el abismo de la deshonestidad; tal vez no vea muy claro en algunos asuntos pero como lo siento se lo cuento.
¿Hay mas claridad o embrollo en el ambiente? Entonces

habrá que poner mayor honestidad.

Y si en algún momento les parezco jacarandoso pues eso es cosa del tiempo... primaveral.

Veo a las gentes como las piedras del río, sumergidas en la tontería diaria; incapaces de moverse.
Ni de bailar un poquito.

Sócrates corrompía a la juventud de su tiempo como el Agua Regia, haciendo que se quedasen en lo más puro que cada uno de ellos tenía. Era un hombre que buscaba ser virtuoso y alumbraba a los corrompidos. Poca gente siguió su ejemplo, Diógenes, Antístenes y alguno más.
No está el patio para tirar flores y los cambios van, pero van lentos.
Hay mucho que remover y la gente sigue apegada a los viejos estereotipos, aunque noten, internamente, que ya no sirven.

Así sirven y servirán, serviles, a la infame Agenda A. Y fallecerán incesantemente.
Ya les buscarán destino en... *la cuarta dimensión*.

Anticipación y ciencia ficción

Soy escritor de fantasía y ciencia ficción y comprendo el no tener éxito con los temas que les comento. Estoy fuera de la corriente principal.
Tal vez dentro de veinte años habrá quienes entiendan claramente estas cosas que les voy adelantando; hasta entonces serán de ciencia ficción.

El cientificismo de las últimas décadas nos ha llevado a un materialismo desbocado dada nuestra tendencia a pedir cosas que nos podamos llevar a la boca, que poder masticar.

Eso nos va llevando al mal llamado **Transhumanismo**, que no transciende sino que robotiza, esclaviza aún más al ser humano. Se lo digo a sabiendas de qué va el tema.

Son ideas de la ciencia ficción americana de los años 70 y 80; en los 90 apareció el ciberpunk (que dio lugar a la película Matrix y otras por el estilo)
Ya están muy desfasadas entre los autores actuales. Eso de que te pongan un chip en la cabeza...

Necesitamos entereza para aguantar el día a día; que el engaño está por todas partes y seguimos con una luz, interior, tan tenue, como de candilejas, que no nos damos cuenta y aceptamos como natural lo que es completamente artificioso, tecnológico. Y les pongo un ejemplo.
Ya los íberos, hace miles de años, usaban monedas metálicas para sus intercambios, pero hoy día vemos personas que las rechazan. E incluso los billetes de papel. Prefieren utilizar un sistema artificial, basado en las telecomunicaciones. Creen que con ello saldrán ganando.
Como a los hombres se nos gana por la barriga haré un vídeo sobre alimentación, como a mí me parece que debe de ser; pues la Gastronomía es la ciencia de la que penden todas las demás. Con conciencia, algo amigable.
Y a *"los del chip"* les digo que *disfruten intensamente de la vida, como si cada día fuera el último.* Tal vez lo sea, y se descompongan andando por la calle.

Están a los posos, y desplumados

El vino viejo decanta posos que se han de quedar en el culo de la botella, esto es algo bien sabido. Pero... ¿y los humanos?

¿Qué ocurre cuando nos decantan, vacían.

¿Qué podríamos decir que poseemos en nuestros últimos días y después en el más allá? En el *"otro barrio"*. ¿Alguien lo sabe a ciencia cierta?

Yo es que me siento últimamente mas pesado, y reposado. También acalorado, ¿y usted?
La gallina de Diógenes y el gallo de Morón.
Sostenemos ideas absurdas tan solo por que las mantienen unos individuos que creemos que tienen ***"Autoridad"***. Ni se nos pasa por la cabeza el revelarnos.
Un ejemplo: pasaba un día el sabio Diógenes junto a la Academia de Platón y le escuchó decir, pues hablaba en voz alta para sus discípulos, que el hombre es un bípedo implume.
Sí; ni corto ni perezoso el perro de Diógenes robó una gallina en una finca cercana y fue y la tiró por encima de la tapia de la Academia gritando: ¡Toma, hombre, para que no duermas solo!
Una nube de plumas cayó sobre Platón y su soberbia; cuando, segundos después descubrió quién se la había tirado tuvo que mantenerse callado.
Tenía delante a un tipo al que le importaba un pimiento su Academia y su pretendido conocimiento. No podía mantener Platón un justo encono contra Diógenes por su burla al

haberle oído rebajar a los seres humanos al grado de gallos y gallinas; él lo hacía a diario al grado de perros y perras.
Ya no quedan tipos como Diógenes, desafiantes con los tontorolos que tenemos por *"expertos"*.
Y así les va, a los que van por la vida siguiendo sus consignas. Necesitamos ser decantados cada poco, oxigenarnos, salir a dar una vuelta por el campo. O mejor aún: viajar a lugares lejanos; aunque nos dejen como al gallo de Morón: desplumados al pagar las cuentas. Cacareando quejas.

Pero eso sí: andar todos bien erguidos, sacando pecho y mostrando vuestro lustroso y colorista pin de la infame Agenda A.

Ambiente nefario y la tortilla española

Una pregunta, una pregunta: ¿Qué os hace salir de casa una mañana de esas que estáis como Poseidón en su trono? Esto es: de supercomodón.
A mí la desesperación, o tener que ir a comprar huevos frescos.

¿Alguna vez ha notado como se le caían encima las paredes de casa?
Eso es por las dimensiones superiores...

He leído mucho estos últimos años sobre la obtención de la **Energía Libre**, y que cada hogar y negocio sea auto-suficiente; pero nada sobre **Información Libre**. Es bueno tener la casa caliente cuando hace frío pero sería mejor ser conscientes de lo que está sucediendo, verdaderamente, en vez de creer lo que nos dicen que está pasando.

Mientras se llega y no a algo así mejor será vivir cada día por lo que vale, y nosotros por lo que servimos.

Los desafíos del destino hay que tomarlos según vayan surgiendo, sin dejar lugar al desánimo, a ser desalmados, y hacer las cosas de casa lo mejor que se sepa.

A ver si un día consigo que me salga la tortilla española como la hacía mi madre.

Pero...¡Con la vitrocerámica! Sí.

¿No le atrae lo imposible?

Invéntese un desafío, algo incongruente seguramente, como hacía cada día don Quijote de la Mancha.

Ambiente nefario a estas alturas del calendario se observa en algunos lugares.

Aserrín, aserrán, las cabezas humanas vacías están. Ninguno se da cuenta de como juegan con sus vidas y se tragan las noticias felices y contentos mirando a las pantallas. Todos con..., ahora toca con... *el Líder Supremo*.

No sufran, presas del pánico o de la angustia, viendo lo que surge estos próximos días pues son cosas que tienen que suceder.

Les dejo, que tengo que batir unos huevos...

Convulsiones en el laberinto

El mundo anda un poco convulsionado, como siempre... pienso yo. Lo mismo que he conocido desde niño y echaban en la televisión. Tal vez sea una suposición mía y dependerá de como le vaya a cada uno la feria para ver las cosas de uno u otro color.

Deberíamos intentar salir del laberinto en el que nos metieron nuestros ancestros, los progenitores; que igual hicieron aquello de: *A un panal de rica miel cien mil moscas acudieron que por...*
¿Podríamos darnos cuenta de la trampa en la que estamos metidos? ¿O son ya ustedes seres pasteurizados? Son batallas de una larga guerra entre grupos de intereses comerciales, y en los noticieros tan solo muestran la punta del iceberg; y eso cuando no dan pura desinformación.

Este mundo está muy controlado y ya va siendo hora de que seamos conscientes de sus controladores.
Estamos en un proceso de cambios, que sino se hacen en modo positivo se harán en el negativo, ¡pero se harán! No piensen que se llegará muy lejos este año, pues la cosa va para largo.
Vivimos en una vieja Matriz 3D donde no priva la fuerza de la razón sino la razón de la fuerza, y sino me cree no tiene más que mirar los periódicos o los noticieros televisivos.

Animoso corazón

Defensores de causas perdidas y a mayores seres llegados de mundos extraviados que no saben lo que se cuece aquí, peleando codo con codo en una guerra que tienen prácticamente perdida, están removiendo un poco por aquí y un poco por allá. Acuden como mariposas a la hoguera donde se van a cremar. Va a haber sorpresas.
El corazón tiene razones y no las queremos escuchar. Hay muchas personas que tienen en él derivados del carbón, y también en el cerebro, pero prefieren mantener un comportamiento robótico en vez de investigar un poco.

(MAC, Bluetooth)

¿Tiene usted en ocasiones discusiones con un **alter ego**?

Un otro yo que ve la vida de modo diferente o vive bajo
otras circunstancias. Asúmalo, eso será cada vez más común.
El dicho: **Yo soy yo y mis circunstancias** es verídico.
Variados yo en un mundo recurrente.
Esto se está poniendo interesante, ¿verdad?

Tal vez he estado poniendo mucha carne en el asador para
obtener menguados resultados, pues he estado haciendo
muchos vídeos para ustedes, y eso les agradezco: la atención
que me han prestado.
Si hubiese querido meter la pata, ¡hasta atrás!, les hubiera
hablado de razas, las razas humanas, pero es que como
español de pro soy partidario del mestizaje. Eso sí: dentro de
un orden, y que no se nos joda la raza.
Ya vale de estar dormidos.
Procuren buscar el contacto con la naturaleza pero eviten las
lunas llenas, que traen malas influencias.
Aprendan geometría en sus ratos libres, les vendrá muy bien.

No es broma.

Impronunciable y silencioso

La vida guarda muchas sorpresas y en ocasiones, a algunas
personas, nos da qué pensar, meditar, sobre el asunto. Bueno,
sí, nos volvemos unos aburridos y se nos olvida bailar.
Mundos sin fin, engaños recurrentes. ¿Qué les puedo decir?.
El lenguaje es una cárcel de barrotes invisibles de la cual solo

se escapan los animales.

¿A cuánta gente veo cada día hablándole sin parar a su animal de compañía? ¿acaso le quiere encarcelado? ¡Pero si ya viven en un pisito!

Usted ladre, maúlle, silbe o mejor aún aprenda a expresarle su cariño sin palabras.

¿Necesitan hablar?, no.

En el silencio encontrará usted una gran verdad. En las palabras mentiras continuadas, ¿no me cree? Soy escritor de fantasía y ciencia ficción, de poesía en ocasiones; ni un solo párrafo que yo haya escrito es verdadero, ni tan poco nada que usted haya jamás leído.

Materialmente cierto; este mundo es un conjunto de cuentos, como bien descubrió Don Quijote de la Mancha.

No hay el menor respeto por la vida y se nos llena la boca y el corazón de palabrería, ideologías, cosas de esas. Creencias, propaganda y publicidad, para esclavizarnos mejor; todo vacuo, espurio, que como humo se va cuando se termina la vida y nos tenemos que marchar.

Hay gente que se pregunta, casos muy raros ya, si tras la vida carnal habrá otra, de otro tipo, pues nadie **vital** volvió para dar fe de su existencia, pero es que si usted estuviera viviendo una vida auténtica ni se lo preguntaría. Lo sabría.

El silencio, puede que sea un regalo de Dios para algunas personas; seguramente bien merecido.

Tal vez para alcanzar la paz mundial sería bueno que hubiese un único culto que fuese aceptado por todas las personas como algo propio; algo sin palabras, sin cánticos en lengua alguna.

Algo que se llevase en el corazón, como Su Nombre,

impronunciable.

Extrañeza y exotismo

La sabiduría no es algo estático, no le hagamos ahora templos
ni esculturas, sino algo creativo que se exprese con el
movimiento, algo intemporal.

Esto es algo que mostraba muy bien Sócrates; cada mañana
salía para andar por el campo, por las afueras de Atenas,
charlando con sus jóvenes amigos.
Era un hombre peripatético; lo que hay hoy día son patéticos
discursivos pasando por ser filósofos profundos. Ya no
queda ningún Miguel de Unamuno.

Hay que salir de la caja, del cuento ajeno, para ser consciente
del propio; normalmente inconsciente.
El tema ya no está en saber quienes somos sino en lo que
estamos haciendo.
¿Seguimos a uno? ¿Esperamos la llegada de otro?
Si es así mejor se quede usted en casa, repantigado, y no
pague algo con dinero palpable, que igual se le queda un resto
entre las uñas, algo bacteriano.
Conviértase en un ser telemático, frugal, ambiental, tan
liviano como el humo de los cigarros.
Así usted ascenderá. ¿No me cree? Será por la ansiedad, que
siempre es un grave impedimento. Te puede empujar a
formar un clarete mezclando cosas claras y oscuras, de alta y
baja frecuencia, un batiburrillo de ideas que crearan una
neblina que impida la comprensión cabal de lo que desee
comunicar. Amar y Crear son las dos piernas sobre las se
puede avanzar, ascender, crecer, lo que usted se proponga.

Escúcheme un minuto más: ¿Usted puede amar? ¿Y ser amado? Entonces está con Dios, y de su lado.

He intentado mostrarles alguna de las cosas que hay entre bastidores pero al ser tan escaso nuestro conocimiento sobre densidades, dimensiones y tiempos, he tenido que hacerlo como cuentos de fantasía o ciencia ficción.

No puedo hablarles de tecnologías exóticas que están utilizándose en nuestros días pues ignoro como funcionan y tan solo supongo quienes lo hacen.
Solo vemos lo que queremos ver, eso no tiene vuelta de hoja, y si alguien percibe algo que le causa extrañeza se encoje de hombros y sigue igual que estaba. Así está la humanidad.
Tan solo cuando hay un terremoto o cosa similar se les mueve un poco el entendimiento, pero pasado el susto vuelven a lo vulgar.

Encasillados e inamovibles

Hola amigos, ¿alergias primaverales? Estamos como para salir al campo, y deberíamos...

Tendemos, por educación, a encasillar todas las cosas. Por ejemplo: en química decimos esto es hidrógeno y esto helio, y o es una cosa o la otra; así con todos los elementos de la tabla periódica. Es como nos han enseñado a pensar.
Con las dimensiones aun lo tenemos mas crudo. Esta es la Primera, esta es la Segunda, esta la Tercera; y no salimos de ahí. La Quinta ni la olemos.

La realidad universal no es tan así de tajante, es más gradual y
yo pienso que el estudio de las densidades nos podría ayudar
a comprendedla.
Las dimensiones no se dividen como las habitaciones de un
piso o las plantas de un edificio.
Es algo gradual.

Hay una zona valle entre una y otra dimensión, e igual ocurre
entre un elemento químico y otro; es en la zona pico donde
la dimensión o el elemento químico se da en su forma más
pura.
La Matriz Planetaria (no confundirla con la Matrix
Telemática) se va moviendo, lentamente, de la 3D a la 4D. Es
un proceso gradual, repito: gradual, que nos hará salir del
encasillamiento actual, que alguno tanto padecemos.
Pero... nunca tengamos prisa, que es muy mala consejera. Es
algo que va para largo.
Recuerden que en todas las casas cuecen habas, y en la mía a
calderadas. Tengo un palpito persistente: que la tontería
humana sea inmanente, tirando a eterna, y más en este país a
la vista de las próximas elecciones.

Pensemos un momento: entre el núcleo de cada átomo y el
siguiente, no vayamos más abajo, hay un espacio **vacío**
porque allí no hay algo que se mueva, que ocupe ese espacio.
Si entre galaxia y galaxia hay espacio, que también le decimos
vacío por igual causa; entre elecciones y elecciones hay un
espacio porque nada se mueve; los vecinos nos quedamos
inermes, a la espera de que se muevan los cargos electos, el
núcleo duro del partido ganador, y como es bien sabido lo
que harán es llevarse el agua a su molino, y quedarse con la...

harina.

Esto no es nuevo, ¿verdad? Ya sucedía en tiempos de la República Romana.

No se agache, no, siga aguantando este cuento con su cabeza; o, mejor aún, levántese y deje que pase la bola, ¡uau...!

Sea usted feliz y baile, baile, aunque sea un infame reggaeton. *¡Mi pedazo de sol...! la niña de mis ojos...*

Andamos a saltos, como los sapos

¿Tiene usted algo rico que llevarse a la boca? ¿Sí?

Pues dígalo alto y claro, con desparpajo. ¡Me estoy comiendo unos...!

Qué tiempos estamos viviendo, que llega La Luz y se esconden en las cavernas.

Siembran, ciertos grupos de interés, inquietud por todos los medios a su alcance y en mucha gente crece la angustia, sin saber el porqué.

¿Son ustedes conscientes de sus carencias y miedos interiores? ¿Qué es lo que están esperando? ¿Qué se desborde el río?

¿Porqué van como las truchas a su querencia buscando cuevas entre las piedras del río?

Hay muchos insectos ahí fuera. ¿No los ha probado aún?

Dicen los *"expertos"* que están muy buenos, y los grillos también.

Yo prefiero a las langostas; bueno, con una al año me vale, que no me da para más la pensión.

Cambiando de tema: lo que hoy día denominamos Ciencia,

oficial, (a mí me cabe en un dedal) es una nebulosa de
creencias, la mayoría sin pies ni cabeza (como la del Big
Bang) Un ídolo de dorada cabeza y pies de barro.
¿Quién les ha dicho que no podemos ver la otra cara de La
Luna? ¿No tienen conciencia propia?
Soñamos que vivimos y cuando despertamos **conocemos**
que nos han soñado.

¿Y eso?

¿Puede usted amar y dejarse amar? ¿Le suena raro?
Esto es como la pescadilla que se muerde la cola, y lo mismo
en la tierra que en el cielo. Sí.
Y ahora sapos vuelvan a la cocina y sigan con su tortilla de
saltamontes o lo que carallo estuvieran haciendo.
Programados hasta las ancas.
Y después: den unos saltos y salgan hasta la orilla del río y
disfruten probando algo natural. ¡Sí!

Rellenando botellas y vidas

Luminosos deseos, amigos. Vaya plan de vida llevamos.
¿Verdad?

Estamos como rellenando botellas, y también vidas.
¿No ha visto alguna vez a las taberneras del barrio rellenando
botellas con los restos de otras a punto de finiquitar? Lo
mismo o muy similar están haciendo con sus vidas:
añadiendo los restos, posos, de otras vidas. Sin más.
Con suerte de otros *"yo mismo"* de otras Vías Temporales.
Y sino con las de algún morito, conguito o ronchito o...
¿Siente usted últimamente aversión a la maravillosa carne de

cerdo?
Pues igual va a ser por eso, hágaselo mirar.

Hay que apartar el trigo de la paja. O pronto nos volverán a imponer la mascarilla y todo eso.
Intente usted percibir algo de lo que nos llega de La Consciencia Cósmica, o del Pleroma, o de donde venga, pero que no sea la tontería que echan a diario en las televisiones.

Eso es el alimento *soma* para la **gente masa**; los que se aglomeran, se agrupan en grandes cantidades; *sin razón vital*, como decía Ortega y Gasset.
Filibusteros que tienen opinión sobre todas las cosas y la dan sin que nadie se la pida.
Hacen corro en las puertas de los bares y se ríen con altavoz.
Gregarios como los simios, sin discurso propio; pendientes del teléfono y sus tonterías. Son los Hombres X de nuestros días, aciagos.
Y por ello *sus circunstancias* son algo creado, programado, por élites mas claras u oscuras que les inventan derechos pero les ocultan las obligaciones.
Hasta que llega Hacienda con el hacha.
Y entonces todo son quejas.
Pero siempre harán lo que les ordenen Los Amos, pues para ello están programados.

Apática frustración

¿Le interesa a usted la exploración espacial? ¿No le llama el saber qué se esconde entre las lunas de Saturno? Mientras no me sea terraplanista iremos librando galibo por los túneles y al final veremos La Luz.

Hace unos años, realizando un cursillo de ayudante de maquinista de renfe me tocó bajar el Puerto de Pajares con un tren de viajeros y subirlo después con un mercante de chapa y alambrón.
Yo sé lo que esperar a ver surgir La Luz al final del Túnel, y vuelta a empezar. Después de uno viene otro y los tenías que memorizar.

Una bonita experiencia que he aplicado a otros órdenes de la vida.
Confíe en la **renfe**, les llevarán muy lejos. Saturno os ama...

Solemos ver el tiempo como las cuentas de un Rosario, a una le sigue otra, pero... pueden suceder eventos que rompan el collar en pedazos. Pero las cuentas siguen ahí...
Es un problema de conciencia y conocimiento.
Como no sabemos y además no queremos saber cómo son otras densidades y dimensiones nos preparan un evento tras otro, y no hacemos más que padecer. Agonías.
¿Les parecería bien que nos volvieran a confinar? ¿No?
Pues espabile, amigo, que solo les falta un número para cantar... ¡bingo!

Agua y Serendipias

Hola amigos. Hay cosas que uno encuentra por casualidad, se producen serendipias en la vida normal. Y una de ellas fue conocer al Agua.

El agua, para mí, es muy importante. Tenemos un problema

muy grave con ello, y cada año que pase será más acuciante
en casi todos los países. No le damos el valor que tiene, y no
me refiero al dinero; es un problema de conciencia.
¿Y eso?
En su vida diaria: ¿usted qué busca?, ¿un beneficio personal,
crematístico? ¿O un bienestar social, comunitario? Y no solo
humano, que también los animales y la naturaleza entera
tienen derecho a estar bien. Y tener acceso a todo el agua
potable que necesiten.

Si yo les digo que los Estados Unidos de América caminan
hacia un sistema político similar al español, con autonomías
formadas no por provincias sino por estados, ¿les parece una
charada esa prospección mía?
Yo soy escritor de anticipación y me resulta fácil pillar estas
ideas.
Problemas con el agua y la conciencia traerán consigo
cambios interesantes en próximos años, incluso en esa nación
tan poderosa.

¿Qué es el Tiempo? Espacio en movimiento, a un suceso le
sigue otro.
Así de simple y sencillo, ¿le resulta algo difícil de asimilar?
Pues entonces usted muévase, anímese, ¡viva! Al menos un
poco. Deje que lo pasado se vaya y encare el futuro sin
animosidad.

No se espanten por las noticias de guerras, mientras no les
caigan los pepinos encima, o diversas calamidades repartidas
por todo el planeta, mientras no se les lleve el agua mansa.
Habrá inundaciones por aquí y por allá. En el sur de Brasil
hubo unas bien fuertes recientemente.
Viva frugal y conscientemente, es mi consejo de parroquiano.
Y tomar todos los días un poco de sol y de agua solarizada.

Esclavos en patinete y farsantes influyentes

¿Sabe usted lo que necesita para seguir adelante?
Una buena idea, que a mi me funciona, es la de no seguir a
esas personalidades falsas creadas por los medios de
comunicación y las redes sociales.

Siempre utilizan palabras extranjeras para referirse a esos
entes utilizados para el control mental de las masas humanas.
No me refiero a los políticos, tipos bochornosos, sino a esos
seres a los que se les atribuye *"influencia"*. Su imagen suele
estar muy bien cuidada y tienen muchos seguidores, pero
siembran mucha cizaña; a mi modo de ver.
Para mí son como la gripe; la rechazo, procuro no verme
expuesto a ella.
¿Y usted?
La vida salvaje se mueve por sucesos, la humana por
paradojas. Y casi nunca nos damos cuenta.

Un ejemplo: Cuando me da por pensar suelo hacerlo en
cosas de comer.
¿Usted también?
Vencido estoy, de bruces caído, ante lo malas que son las
costumbres culinarias de nuestros jóvenes; jenízaros,
filibusteros, no sé que llamarles, ¡ahora comen en la barra del
bar!
Pronto lo harán sentados en el suelo del local.

Anímense a practicar el noble arte de hacer tortilla española,
cada uno al estilo de su región.
A mí me gusta con cebolla, pimientos y chorizo, ¡picantes! Sí,

vale hay que añadirle huevos y patatas.

Animen a esos jóvenes ni-ni, que hagan ellos algo por si mismo en vez de llamar por teléfono y que un esclavo en patinete les traiga comida a casa.

¿Serás capaz ni-ni de hacer una tortilla española?

Resilientes frente las élites controladoras

Hola, amigos, ¿a que seguimos resistiendo? ¡Resistiré...!

Yo me barrunto que van a suceder cambios interesantes de aquí a finales de año e intento ponerles sobre aviso.

Usando el Principio de Parquedad Científica, mi navaja suiza, veo que hay muchas elecciones en marcha, estupendas carreras por todo el mundo; pero yo no juego a las apuestas de caballos.

Ganarán los de siempre, lo que esté programado de antemano. Esa es mi opinión.

Todos los rebaños ovinos siguen a la *oveja mansa*, la más tonta del rebaño. Y así también se conduce el género humano, y en especial el español.

No son buenos tiempos para la poesía, ni para la filosofía.

Los que se toman por cuerdos están mal de la cabeza, literalmente, y tan solo hay que mirar las noticias diarias.

Pero, claro, ¿cuándo fueron buenas las noticias? El Evangelio y para de contar.

Desde Sócrates para acá siempre topamos con el mismo sistema censor, las clases controladoras y su montaje social, y los cambios en la Matriz Planetaria siguen y seguirán siendo imperceptibles para la mayor parte de la población; abonada por noticias truculentas en los medios masivos, incluyendo las redes sociales.

Hay un potente sistema electromagnético de alteración de la percepción que funciona a las mil maravillas, apoyado en los sistemas telemáticos y en la neurociencia aplicada al ser humano.

Casi nadie se da cuenta del hecho y se pasa el día con el teléfono a mano, y el ordenador y el televisor...
Hemos de ser resilientes, muy resilientes, para que no nos descompongamos caminando por la calle o en nuestra cama, durmiendo.
Suerte, amigos.

Cuentos de la Ascensión Planetaria

Hola amigos, continúo con mis Salomas del Espacio Profundo.

Ya saben, algo de Ciencia Ficción.
Llevo semanas como *sachando* un campo de nabos; que yo no soy su propietario pues soy de ciudad, intentando compartir con ustedes algunos conocimientos que sí tengo con no buen resultado. Por el momento.

Duermo con la conciencia tranquila, eso sí, procurando evitar las quejas del público.
Si malo es que haya personas sembrando mentiras continuamente peor es que nieguen cuatro verdades.

Tenemos lo que nos merecemos. A mí me han regalado un reloj que no anda, hay que conectarlo a tu cuerpo, y unos zapatos que no me dejan andar. Seguiré con las sandalias.

Una idea provechosa: los ingenieros del Imperio Romano aprovechaban extraordinariamente las propiedades del agua. Hoy día, tan modernos que somos, y avanzados, la desaprovechamos en su mayor parte o la usan para regar...¡viñedos!

Un romano podía pasarse más de una hora en Las Termas, felizmente, pero si hoy te tomas una ducha de más de dos minutos ya te hacen sentir derrochón, abusador.

Siguiendo con los nabos; a las personas normales, las que se preocupan por la normalidad de las cosas y que todo lo que hacen es *"normal"* no les interesa los temas que yo cuento. No sales en la televisión, no eres un X, hombre. ¿Cómo vas a interesarle a alguien?
Encima les incitas a beber agua solarizada, en vez de a tomar drogas como hacen los famosos. O a que se pongan más banderillas, los toretes.
Es que yo, como casi todos, tengo la tonta propensión de querer agradar al público. Cosas de escritor desconocido, seguramente; siempre pensando en los demás, unos seres imaginarios.
Y lo pago con creces.
Cada cual tiene su idiosincrasia personal y nuestro paso por este mundo es algo temporal, frugal.

Yo, tal vez, haya estado caminando estos últimos años con los zapatos a pie cambiado; y así me ha ido todo tan lento y doloroso.
¿Y a usted? ¿Le ocurre algo similar?

Identificación Digital, control total

¿Qué podría decirles que ustedes no sepan? Ya sabrán lo que es una CBDC, seguro.

Cuando comienza una guerra la verdad se va por el sumidero, y tenemos algunas en marcha y otras en preparación.

El mismo relato de miles de años atrás, invariable. La vieja Matriz 3D.

Honestidad, hay que ser honestos y reconocerlo; mientras sigamos con este clima bélico estaremos cerrados a las verdades superiores. Ajo y agua, amigos.

No espero una gran guerra mundial, con muchas bombas atómicas y electromagnéticas, y muchos millones de muertos, atomizados; pero sí es posible que aparezca otro *"bichito volador"* para obligarnos a todos a la Identificación Digital y sus consecuencias. Las CBDC.

No tendrás nada y serás... ¡feliz!

Yo no puedo *"estar partiendo piedras"*, como dicen en Portugal, un año tras otro.

Ya hice mi labor en la renfe y publiqué todos los libros que fui capaz. Si publico este ensayo será para regalar a los amigos y amistades de Goodreads.

En cierto modo somos tanto hijos de las estrellas del cielo como de la maravillosa Tierra, pero en las últimas centurias hemos ido perdiendo el equilibrio machacando cada vez más

La Naturaleza. Minas y mas minas, canteras por todas partes. Siguiendo a una Ciencia sin Conciencia.

Ya no queda gente que sea harina de otro costal, que viva en comunión con la naturaleza, aquí en España. Y si quedan serán cuatro gatos. La mayoría somos gente de ciudad o de villas más o menos grandes faenando en trabajos donde lo fácil es *"apretarnos los tornillos"*; todos tememos que no se nos vaya a soltar alguna tuerca, y perderla.

Yo he pasado por ello y les comprendo.

Inhumano y dogmas extraños

Mas noticias luctuosas sobre dirigentes políticos. Y vendrán cosas peores...

Yo no voy por la vida perdiendo *"lágrimas de zurdo"*, ¿se nota verdad?

Más bien soy diestro y me pongo de perfil con los toretes que llevan varios pares de banderillas a lomos.

No tengo capacidades precognitivas pero en ocasiones discurro bastante bien.

Casi nadie se da cuenta de que está controlado e influido subliminalmente.

Lo ven todo... *"natural"*.

Puede que en ocasiones escuchen la voz de su conciencia, o la vean actuar en sueños, pero enseguida algo les induce a cambiar de tema y no hacerle caso alguno.

¿Porqué nadie se pregunta si el relato que seguimos es completamente **inhumano**?

Ya no tenemos paciencia ni para reflexionar dos minutos seguidos.

Nos ordeñan constantemente. Y seguimos al pasto.

La conciencia colectiva está manejada por programas de control mental. Programas que incitan al materialismo y a mantener la conciencia humana en el grado más bajo posible, sin que se sea capaz de sentir algo más allá de su cuerpo carnal.

Por ejemplo del **vital**.

Como si fuéramos seres desalmados, y así es nuestro comportamiento diario.

¿Dónde está la virtud en seguir las consignas políticas o los dogmas religiosos?

Seguir a la oveja mansa, seguir..., que así os irá muy bien; y no miréis a los lobos, ni lo que están haciendo.

Insólito y omnidireccional

Insólito, ¿ha visto usted algo insólito en los últimos días?

Hay tantos proyectos ya en marcha que se están deshaciendo como el humo...

Se estrelló un helicóptero militar iraní cerca de una frontera y casi se lía la marimorena...

Yo, en ocasiones, viendo estas cosas, siento que me hundo en la palabrería, como si fuese una montaña de estiércol, enorme.

Son palabras propias y ajenas para esconder el horror de seguir vivo.

Omnidireccional.

Mires donde mires te ves rodeado de supersticiones, de creencias; en eso los terrícolas somos tremendamente fértiles; a mayores tenemos la programación mental de Los Amos y semejantes.

Nuestra *Imago Mundi* y *la idea-imagen* del ser humano actual es muy chata y corta.

El cuerpo humano y la tierra plana, en ese plan.

Tremendo plan de vida, pienso yo.

Es similar a contemplar una estrella lejana y solo ver una bola brillante, tal vez soltando llamaradas, y chispazos X; sin percibir su sistema solar con planetas, satélites, cometas; tal vez multitud de vidas amorosas en esa zona.

Un chavalín que llevan sus padres en el cochecito es muchísimo más complejo que cualquier sistema solar que nunca llegaremos a conocer.

Pasa a nuestro lado y nos quedamos sin hacer nada; bueno, yo sí... ¡monerías!

Hay que saber quien es uno y de dónde procede.

Seguimos *in albis*, y siguiendo cuentos de niños.

Benditos bares sin wifi

¿Vivimos en los bares?

No, pero los jubilados hacemos mucha vida en ellos; siempre hay alguna Dulcinea del Toboso que nos alegra la vista a los parroquianos. Yo he escrito mucho, casi todos mis libros, yendo de parroquia en parroquia, alegremente.

Y cuando se despertó La Luna seguía allí.

Es uno de mis recientes micro-cuentos.

¿Acaso es usted uno de los que llaman *"despiertos"*? ¿Qué nos puede contar y compartir?

Como si estuviese de cháchara en un bar. Comente usted.

¿Cuántas son dos por dos? 22 me escribió en una servilleta de papel la bella de ojos inmensos y tornasolados. Yo asentí pues igual en alguna dimensión pareada fuese cierto y ambos estuviésemos allí ajuntados.
Otro micro-cuento. Es fácil cuando tienes un clarete a mano.

Vivimos una película de ciencia ficción y la música de fondo es reguetón. ¡Perrea, perrea!
Vivimos en una ficción mantenida por individuos alienados, gentes sin raíces, rebeldes sin causa alguna que pintarrajean tapias y trenes, y sobre todo y más que nada por devotos, de mitos ancestrales, sin comprender su significado real pues tan solo alcanzan a leer libros sobre el tema de su devoción.
Vivimos una realidad cambiante con la fantasía llamando a la puerta. No se desanimen.
Menos mal que, al parecer, no vamos a volver a los ritos escatológicos y los sacrificios humanos.
Guerras aparte.
Algo es algo.

Piense en esto un momento: su tiempo es oro molido, ¿porqué perderle en cosas nimias?
Yo no me voy a quitar de tomar unos chatos por el barrio, al menos mientras la Autoridad Superior Competente... lo permita.
No hago apenas caso de las noticias, eso sí. Y tampoco uso el... wifi hostelero, ni el water del chigre... a ser posible.

Andando de tascas con la ciencia oficial

Hola amigos, luminosos deseos, que vengo de dar una vuelta
por el barrio.

In vino veritas, como decían los sacristanes.
Últimas impresiones.

Observo que hay unos que no paran de rajar y otros de dar
palique, unas de cardar la lana y otras de despellejar a las
amigas ausentes. Lo mismo de siempre.
¿Se dan cuenta ustedes de lo rica que es la Lengua Española
en expresiones descriptivas? Y todo ello se lo ofrecernos,
gratis total, un espectáculo prodigioso, a los turistas.
Franceses inclusive.

A ver, oír nos oyen, pero entender no entienden. Na de na...
Observar a cuatro españolas hablando a la vez, ¡y
entendiéndose!, va mucho más allá de su comprensión.
Incluso de los extranjeros que llevan años viviendo entre
nosotros.
Ronchitos incluido. Buena gente, pero no consiguen pasar
del *latíno* al *roman paladino* que por aquí parloteamos. Y sin
utilizar argot alguno.
Algún día les hablaré del lenguaje de signos, algo tan hispano;
heredado tal vez de ¿los lemurianos?

Advertencias vacuas han sido cuantos consejos os he pasado,
pero aun recuerdo la parábola del sembrador. Siempre surgirá
alguna opción plausible en situaciones cambiantes, pues
estamos en una Matriz variable.
Me encanta estar de brazos cruzados, ¿y a usted? Mirando

cómo los árboles echan flores.

Eso tiene consecuencias en un mundo de acción-reacción.
Sí, el quedarse quieto, y dejar que suceda lo que tenga que
suceder.
Todo va a quedar requetebién...

Vivimos bajo la tiranía de la ciencia oficial, sin conciencia
alguna; la de los hechos probados, la verdad abstracta, la
justicia ciega, la perfección mecánica, electrónica, y las
inteligencias... ¡artificiales!

Para que no podamos hacer el uso propio de las naturales.
Así nos va.

Vox Populi, engaños prolongados

Poca gente, en verdad a muy pocos, le da por discurrir que la
llamada **Vox Populi**, la voz popular, siempre ha sido
manipulada por **Los Senadores**. Así hoy día continuamos
con una ficción llamada Democracia; en la cual los vecinos,
los paganos, no hacemos mas que pagar impuestos y
alcabalas.
Acuérdese de esto la próxima vez que vaya a entrar en una
autopista. Suelte la pasta, amigo.

Si esto no lo ven, ¿qué más podría decirles? ¿quieren que les
hable de los octoniones especiales? ¿De la proporción áurea?
¿Del funcionamiento de la vieja Matriz 3D?

¿De un universo en 24 dimensiones? Si ya con tres se nos va la olla...

Pero bueno, piense o imagine que está usted visionando una película 3D, con gafas especiales o algo así; es una inmersión total en un perfecto sistema multinivel; usted ve, escucha, siente ¡le hace sentir!

Pasiones, emociones, sentimientos, ¿qué mas puede pedir? Es maravilloso.

La cara tiene una cruz, y es que ese sistema vive de usted, le parasita las 24 horas del día, y de tal perfecto modo que pocas personas sienten el impulso, natural, de salirse de él.

Si usted no nota que siempre se mueve en los bajos niveles del alma y en los bajos fondos de la Matriz nunca intentará mejorar su conciencia, pulirla, y mucho menos subir a niveles más altos.

¡Alucinaciones!

Bueno, ¿y qué? Se pasan y en paz. Mientras no te pillen manejando maquinaria de algún tipo...

El caso es que usted no permita ser manipulado un día sí y al otro también. Procure escuchar ideas novedosas, y tómese el asunto con calma. No es cuestión de estar a la última moda, no. Es meditar un poco. Esto nuevo que me está llegando... ¿me conviene o no?

Repito: esta Matriz está cambiando y no hay vuelta atrás.

Según vayan pasando los años, si vive para contarlo, se irá dando cuenta de la cantidad de engaños que tiene ese viejo sistema que ha funcionado por miles de años, y sigue en funcionamiento. Y seguirá...

Mientras el pueblo obedezca a... los senadores.

Amarga inutilidad

Amarga inutilidad han sido mis esfuerzos por intentar mejorar la comprensión del mundo en el cual nacimos y vivimos. Fallecemos y como que no nos enteramos; nos revisan la vida pasada como si fuese un videojuego y nos envían de nuevo a otra parte, en el nivel que hayamos alcanzado; como si no tuviésemos voluntad propia.

¡Es lo que hay!

En La India, como nombraron los portugueses al subcontinente asiático, llevan mucho tiempo estudiando este asunto y lo tienen muy asumido (Tal vez en Lemuria no sucedían estas cosas, pero de un tiempo para acá sí) Así pues tienen el sistema de castas.
Asciendes o desciendes según tus merecimientos a los ojos de los Seres Benefactores de las ánimas humanas, luminosos ellos.
No son dioses, no; pero es un sistema muy bien montado.
Es otra parte, otra vertiente, invisible a nuestros ojos, de lo que yo denomino Matriz 3D.
Repito: no confundir con la moderna Matrix, de computadoras y todo eso.
Un embrollo a mayores en nuestros días.

Tal vez yo no sea trigo limpio y tenga la mirada ocluida pero me parece, es una impresión no una acusación, que hay un incremento de la criminalidad por todo este mundo; se mire donde se mire.
Drogas, guerras, terrorismo, ¿personas que se *"descomponen"* andando por la calle?
¿Y eso?

Y sin embargo todo está tal cual como lo dejó El Señor.
Dejarse de ilusiones vanas y de soñar con un mundo mejor.
Mire usted por lo suyo.
Aquí cada palo aguanta su vela y el que más chifle...
¡Capador!

Premoniciones y paradojas

¿Alguna vez usted ha tenido premoniciones?
No tomar un tren o avión con el billete comprado, no acudir
a una cita que se presumía interesante o dejar de seguir a una
persona influyente, por ejemplo.
Mis abuelas decían: **tener un palpito**, pues en ocasiones
puedes notar que tu corazón se acelera, como diciendo: evita
eso.

¿Alguna vez soñó algo y tiempo después vio que ocurría?
¿Recibió una llamada o correo de un origen poco claro? Y
resultó ser cierto.
Aunque cosas de ese tipo nunca le hayan ocurrido, aún, no le
importe, ya le sucederá alguna.
Con una Matriz cambiante estos sucesos extraños serán cada
vez más comunes. Se producirán mas sincronicidades.
Pasado el momento álgido, del suceso raro, de la extrañeza,
viene su contraparte: valle profundo y después vuelta a la
marcha normal, el día a día.
Sentir desdén por la intuición y también por los impulsos que
nos salen de lo más profundo no es propio de tipos cuerdos.
Esos impulsos, que nos hacen salir de casa sin venir a cuento

o a cambiar la ruta prevista, en ocasiones nos llevarán a
momentos que nos harán gritar:
¡Eureka!
¿Recuerdan el caso del barco de Teseo?
Viajaba tanto el héroe y pasó por tantas vicisitudes,
incluyendo el ir a Creta a matar al Minotauro o luchar contra
las Amazonas y los Centauros, mano a mano con Heracles,
que tuvieron que ir reponiendo piezas del barco, una tras
otra.

De modo que con el paso de los años no había ni una tabla
o un clavo que fuera original.
¿Se le podía seguir llamando el barco de Teseo?
Es una buena paradoja, pues con el paso de los años nuestro
cuerpo se va renovando, sin que nos quede ni un hueso de
cuando éramos niños.

Me parece una buena pregunta para esas personas a las que
les atrae el **Transhumanismo**.

Pensar fuera de la caja

Pensando fuera de la caja se me ocurrió esta reflexión:
¿recuerdan a Bobby Fischer? El genio del ajedrez de los años
70. ¿Recuerdan cómo revolucionó los campeonatos con su
visión periférica y cómo descubría las partidas amañadas?
Pues percibiendo, como yo lo llamo, **fuera de la caja**.

Discurriendo de este modo expresiones como *"el Final de los
tiempos"* carecen de sentido, a no ser el poético. El fin de una
cultura, una civilización, incluso de esta humanidad, es algo
plausible pues no deja de ser un evento que sucede de

continuo en el Universo.

Estrellas que se comen su sistema solar, o lo destrozan con una explosión estelar es algo común; según han descubierto los astrónomos.

Pero, ¿y qué pasa con la gente? Buena pregunta, ¿verdad? La gente, cuando se queda sin hogar, se va a otro lugar para levantar uno nuevo.

Esto es de cajón, como decían mis abuelas, así que saque usted su cabeza de eso mismo, no la esconda ya más, y

comience a cavilar en todo lo que es usted, el verdadero y auténtico usted mismo, persona humana, terrícola, y qué se podría llevar a otro lugar para continuar con su historia personal.

Con el paso de los años iremos viendo más y más personas que han perdido su casa y tienen que emigrar a otro lugar. Piense en ello.

¿Observa el tablero? ¿Ve usted la jugada? ¿Percibe claramente su posición actual?

Sí, Bobby Fischer ya ha visto las cinco jugadas siguientes antes de que usted pestañee.

No se angustie, el tipo era un genio, y hay muchos Bobby geniales en los sentidos espirituales que ayudaran llegado un momento de crisis total.

Usted tan solo medite un minuto qué de personal, de suyo auténtico, se podría llevar a otra parte, de este mundo o de cualquier otro. ¿Podría llenar con ello una pequeña mochila? No deje que se la roben.

Examine sus sentimientos y vaya desechando cosas; también sus conocimientos, los que puede manejar con los ojos cerrados, rememorar en no importa qué lugar y con ellos orientarse correctamente. ¿Le serán útiles en caso de tener que emigrar?

Buen Camino.

La orientación correcta

Les hago otra pregunta: ¿Sabe usted orientarse correctamente? Sin brújulas ni artefactos.

En 2D supongo que sí o chocará de continuo con esto y con lo otro. ¿Y en 3D?
¿Se pierde en el campo e incluso en la ciudad? Pues si es así mal vamos.
Yo es que aprendí orientación de chaval, con la O.J.E., y no he olvidado los principios básicos; así pues rara vez me he despistado incluso en montañas complicadas como Los Picos de Europa.
Aprendí con los pastores.

¿Sabría usted orientarse en 4D?
Seguramente lo tendría difícil pues apenas tenemos nociones de esa geometría superior y cambiante. ¿Y en el tiempo? ¿Se orienta bien? Pasado, presente y direcciones divergentes
¿Sí, bien? ¿O las ucronías y distopías son demasiado para su comprensión actual?
Ya aprenderá un día de estos, que a la fuerza ahorcan.
Pero, seguramente, será usted **creyente** de algún culto particular y antiguo que recuerda sucesos de hace cientos y miles de años. ¿Estaba usted allí cuando sucedieron esos eventos que relatan los libros? ¿No?
Pero confía en lo que relatan, que son verosímiles.

Puede que yo le resulte algo distópico pero es que con los

años me he ido dando cuenta que las cosas pueden variar de un día para otro una barbaridad, así pues aferrarse a creencias, ideas, teorías o hipótesis no bien verificadas me parece algo suicida.

Fuera de la caja se da cuenta uno de algunas cosas; por ejemplo: que el **Cristianismo** actual se parece al original como el huevo a la castaña; por ponerles un ejemplo.

A mi modo de ver con un único culto y gobierno sobra para toda nuestra humanidad, y digo bien: sobra.

Y todos ustedes lo saben de... sobras.

Dejemos de ser tan aldeanos y cortoplacistas, por Amor de Dios.

Y entonces iríamos en... la dirección correcta.

Piense usted globalmente y actúe localmente, es un buen consejo.

Incertidumbre e inteligencia

Una de las maneras que yo uso para distinguir a las personas inteligentes de las demás es observar su capacidad para gestionar la incertidumbre; cuanto más de esto es capaz de soportar más inteligente es el ser.

No digo que la busque a propósito sino que si aparece un día, en el asunto que sea, sepa manejarse adecuadamente.

Esto no es algo de tener **sentido común**, es capacidad de supervivencia, y o se tiene o se carece de ella. Se suele tener, hoy día, por inteligente al *"cerebrín"*, al que tiene enciclopedias enteras en su cerebro; pero la experiencia que me dan los años me dice que ese tipo de personas en cuanto se enfrentan

a algo de incertidumbre, un tres por ciento o algo así,
comienzan a fallar, a dudar, ¡incluso de sí mismas!
Se pasa mal al lado de este tipo de personas; en cambio las
que apelan a la veteranía, a la intuición propia, a la zorrería si
es necesario, casi siempre libran por mal que se pongan las
cosas.

Yo les animo a utilizar las I. A. ¡Sí!

Pero siempre recuerden esto: A los *"cerebrines"* le sienta muy
mal la incertidumbre; si consulta a alguno haga preguntas
escuetas y no se repita con las mismas esperando respuestas
diferentes. Eso es algo que tan solo está al alcance de... su
mamá. Mejor es consultar una segunda y tercera opinión si
no tiene a su mamá a mano.
Para que usted me comprenda: siempre me he mostrado
irreverente, irritante muchas veces, con los eruditos
"cerebrines" que he topado en ocasiones. Y me temo que, con
la edad, me esté volviendo uno de ellos.

Avísenme si me notan en ese plan.

Música bárbara

No sé si a ustedes les pasa algo similar: ya Platón se quejaba
de la *"música bárbara e invasora"* de los Tracios; que se hicieron
muy populares en su tiempo. Después llegarían Felipe y
Alejandro de Macedonia, y ya no había nadie que se quejase,
¡adiós amores platónicos!.
A mí me ocurre algo similar con el reguetón y la arábica mix;
no quiero imaginar lo que viene a continuación.

Los cambios van lentos pero hay una mejor claridad; no se
escondan y anden derechos, confiados por la vida. Menos
palabrería y mejor acción constante. Procure dedicar su
atención a aquello que mejor se le de, aquello para lo que
sirve.
En mi caso es escribir, y procuro hacerlo todos los días. Y
dejen que su mente vaya percibiendo cosas nuevas; atrévanse
a soñar, a soñarse mejores, mejores en todos los aspectos

comenzando por lo físico, lo carnal. Véanse bellos, pues
realmente lo son. Sobre todo en... la quinta dimensión.

Sus ideas sobre el futuro cambiaran a mejor.
Sea mas creativo y encontrará belleza por todas partes.
Estamos todos sincronizados en una misma banda de
frecuencias, la vieja Matriz, pero poco a poco nos va llegando
energía de una banda de frecuencias superiores, y tenemos
que aprender a asimilarla.
No es fácil, lo sé por experiencia propia; hay muchos
conflictos tanto en las bandas de arriba como en las de abajo.

Nosotros como mucho vemos tormentas solares, y eso los
que somos aficionados a la Astronomía y a la Música de las
Esferas.
En ocasiones escuchamos sonidos extraños, repetitivos, en el
interior del oído, y no sabemos de dónde proceden. Una
visita anual al otorrino le vendrá bien, se lo digo yo.

Indebida influencia

Hoy me pregunto si con mis charlitas no estaré intentando

ejercer una influencia indebida en ustedes.

Desde que me prejubilaron tengo suficiente tiempo libre para dedicarlo a cosas interesantes, como el ajedrez o la filosofía. Pero el ordenador me gana todas las partidas, ¡siempre!, y donde mejor discurro es... en el cuarto de baño.

Así pues, ¿qué hacer?, ¿qué prefiero en estos momentos?, ¿buscarme problemas o algo que me haga sentir eufórico?, ¿hay algo que aún no haya pensado?, ¿que no les haya compartido?

Observo gente atemorizada, en las redes sociales, por la aparición de las I. A. Yo, en cambio, lo encuentro divertido, casi encantador.

Ya he hecho alguna chapucilla básica como cambiar el cielo de una foto. Una I. A. me llenó el cielo de nubes sin alterar lo demás. Ya haré más cosas chachipirulis con otras.

¡Ah!, ¿que usted puede perder su trabajo y salario por causa de una de esas cosas?

Tal vez es que no valga gran cosa y sería mejor que se quedase usted en casa, ¡pintando nubes!

O que se lo hagan las I. A., directamente; así usted, rey mío, tendrá mas tiempo libre para dedicarlo a... ¿jugar al ajedrez? ¿filosofar en el retrete?

Yo es algo que ya llevo por delante, lo mío es la anticipación.

No olvide esto: le queda a la vista, en los próximos años, un mar de extrañezas y una singladura apasionante.

Tendrá usted tiempo para pensar en **el sentido de la vida** y aceptar un amor no posesivo, ¡seguro!

Disfrute... no tendrá nada pero... <u>será feliz</u>.

El Mal y la maldad

Hablando con propiedad y para hispanohablantes,
americanos inclusive, les puedo decir, asegurar más bien,
que... ¡la cebada no es trigo! ¡Sí! ¡Que no les engañen!
Es una broma...

Yo todos los días he de procurar contener la desazón que me
producen las noticias en las teles y periódicos. Al perro viejo
le toca aprender mañas nuevas.

Para nosotros, los seres humanos, el Tiempo es algo relativo
al funcionamiento de nuestro cerebro, si perdemos la
consciencia, la atención cerebral, perdemos la noción del
tiempo.
No sabemos si ha pasado un minuto, una hora o un día.

También seguimos sin tener noción clara y cierta de lo que es
El Mal, fastidioso elemento, que consigue producir en
nosotros maldad, si lo acumulamos inadvertidamente. Hay
que lavarse, amigos.

Este tipo de Química exótica nos sigue pareciendo Alquimia,
y no sabemos que es posible limpiarlo de uno mismo y de los
demás. Como la ceniza de la chimenea o la grasa de la
campana extractora de gases.
Bueno, esto es una cosa ignorada que también se llegará a
conocer. Les estoy poniendo en antecedentes.
Hay seres a los cuales les encanta ese elemento químico, se lo
tragan sin más, oscurillos ellos. Y después de bien
alimentados hacen todo el daño que pueden a los demás.

Aún somos seres muy irracionales y los ejemplos históricos
de líderes que tenemos para seguir y mejorar suelen ser
criminales, genocidas incluso, por causa del Mal que

acumularon en su persona.
Excluyo a Gautama, Jesús y cuatro mas... ¿Gandi?

Atenas y la perversión de las leyes

Observo una perversión cada vez mas evidente en Internet;
yo comencé chateando y esas cosas a finales de los años

noventa, que ya llovió. Y veo que estos últimos años están
presionando con leyes para tachar la información que no les
resulta interesante, que se les va del control del relato oficial.
Si controlan los comunicados que la gente hace por Internet,
mediante leyes, como hacían con radios y periódicos en
España en los tiempos del general Franco, toda la *"nube"*, la
caja de la Noosfera, estará bajo la dictadura global o local,
país por país.
Eso no es bueno, ni virtuoso. Todos tenemos derecho a
equivocarnos. Así aprendemos.

La Libertad, no es una señora estupenda que suelta rayos por
la cabeza, no se rige por leyes; si acaso nos inspira para
redactarlas. El estado y las organizaciones supranacionales
ejercen ahora una perversión implacable, casi como aquella
que Sócrates afirmaba que había en la Atenas de sus días.
De Democracia tenía el <u>nombre</u>, en realidad era una
oligarquía encubierta, como siglos más tarde ocurrió en
Roma y hoy día ocurre básicamente lo mismo.
La obsesión por el control de los medios informativos...¡eso
no es virtuoso!
Se pilla antes a un mentiroso que a un cojo...

La Ley, decía Sócrates, la Doja, la Caja, es para mantener

dentro a la gente, esclavos y libertos, pudientes y menesterosos, y nadie puede pensar fuera de ella. O eso se pretende.

Tan solo tipos como Diógenes se atrevieron a salir de ella, y vivir como los perros.

Dentro se quedaron, por no hacer caso del sabio, los perversos, muy legales ellos, y Atenas se derrumbó en pocas décadas.

Había perdido la ciudad el espíritu, la crítica, el alma de los griegos bajo la tiranía de las leyes que dictaban los *"expertos"* de entonces.

¿No les parece a ustedes que estamos hoy en lo mismo?

Alimentación amigable

Hola amigos, unos consejos culinarios les paso hoy. Por cambiar de tema, aparentemente.

De todos nosotros son bien conocidos los alimentos que crecen bajo tierra pero son bastante ignoradas sus propiedades. A mí me encantan las zanahorias pero hay muchos más tubérculos como las patatas, mandioca, jengibre, ¡el ajo y la cebolla! Estupendos si tiene problemas estomacales o intestinales.

Hay más: cebolletas, rábano; en fin unos cuantos productos de la tierra que siempre sientan bien en cualquier tiempo y circunstancia.

¿Y qué podemos decir del arroz? Y sus muchas recetas en la cocina tradicional española.

Para mí la **Gastronomía** es la madre de todas las ciencias

humanas y los cambios a mejor deberían comenzar por ella:
hacia una Ciencia con Conciencia.
Conciencia de que consumimos seres vivos que matamos
para alimentarnos. Y eso no es algo estrictamente necesario;
pero tampoco vamos a echar solo patatas en la olla...

No les hablo de seguir ningún -ismo.
No me gustan las sectas y sus aproximaciones.

Me parece mejor un irse dándose cuenta progresivamente;
esto me sienta bien, esto otro no.
Llevo años proclamando las virtudes de beber agua
solarizada, expuesta a la luz solar un buen rato, en botella de
vidrio, por supuesto. Y nadie me ha dicho jamás que le sienta
mal.
Con esto que cuento en esta ocasión voy por el mismo
Camino; incluyan en su dieta alimentos que crezcan bajo
tierra, todos los que puedan, y ya me contarán.
¿Qué les puedo contar sobre el ginseng y sus propiedades
medicinales?

Y no nos olvidemos de las trufas, el que se las pueda pagar,
por supuesto.

Romanticismo y libertad

¿Existe el Amor Libre?
Pues claro que sí; lo otro es esclavitud y bajas pasiones,
emociones que duran minutos, horas, tal vez días si la
impresión fue fuerte; es el arrabio, la escoria, del verdadero
Amor.

Seguimos escarbando en los muradales, buscando bellas flores en los fangales, y las más de las veces lo que encontramos son llamazares; que son unas flores tóxicas incluso para las vacas.

Amor, amar, es la última verdad.

En cuanto la captas y la aceptas la Belleza se acerca y te adorna; la Virtud florece en ti y pasas entonces de la borregada que aun está al pasto y la cañada.

Fluyes, te dejas fluir, en un río universal de seres amorosos donde rozas con beldades y sabios (alguno bastante pendejo, por cierto) y tu espíritu brilla entusiasta de un lugar a otro.

Si siguen ustedes a las cagalitas de cordero, o las noticias de cada día, se perderán este fluir alado entre las nubes, ¡y más allá!

Si consigue usted alcanzar ese **fluir** olvídese entonces de dimensiones y densidades, de tiempos relativos, hay multitud de ellos, y de territorios por explorar.

Sea usted Amor y ame, ¿el vehículo?

Ya buscará usted en cada caso y mundo relativo el que le venga mejor.

No teniendo usted **será**, será algo imparable, no habrá pared ni muralla que le retenga. Atravesará ríos y montañas, sin más.

Será usted Libertad inesperada, inspiradora, y creará cosas, una tras otra, increíblemente bellas.

¿No me cree?

Entonces allá usted; a mí me encanta el yogur y el queso de leche de oveja, pero balar...¡no balo!

¿Bailamos?

Elecciones programadas en la Matrix

Cuando se pierde la libertad de equivocarse se pierde la
oportunidad de aprender.
Por ejemplo: ¿Qué es la mente? ¿usted lo sabe?
Nosotros, los seres carnales tenemos cerebro pero...
¿también tenemos mente?

¿Podemos ser capaces de producirla en una vida provechosa
y virtuosa?, ¿o tenemos que estar siempre al capricho de una
mente foránea que nos venga del... *"Cielo"*?
Hay dones y gracias extraordinarios escondidos en nuestro
cerebro. Sí.
Nosotros somos el problema... y la solución.

Caminamos a diario como por una oscura niebla espiritual
que nosotros mismos producimos, pero hay una Luz que
incide sobre nosotros.
A cuanta gente veo todos los días parasitada, absorta,
mirando la pantalla de su teléfono y tocándola con las yemas
de los dedos; completamente lela.
Su ¿mente?, está obnubilada por *"las galletas"* que aparecen de
continuo en las aplicaciones para redes sociales e información
variada.
Están *"conectados"*, completamente controlados.
Se tragan una cantidad impresionante de información por el
"canal subliminal".
Su inconsciente se alimenta continuamente con esas *"galletas"*.
Y después se creen que piensan por sí mismos, libremente.
Libres en la Matrix.

Es tremendo; los resultados de este sistema se ven

claramente en las elecciones, ya sean locales, regionales, estatales o europeas.

Todo ha sido especialmente programado para que *"Los del Móvil"* se crean a pies juntillas los resultados.

Y es algo que ocurre aquí y... en Singapur...

Vidas artificiales y diversiones extraordinarias

Nuestra naturaleza, lo que consideramos *"natural"*, va siendo progresivamente sustituida por otra completamente *"artificial"*. Tan solo las gentes naturales de algunos lugares del planeta se dan cuenta, y por ello están siendo exterminados. También lo procuran hacer con los que ya estamos bastante desnaturalizados.

Interesa invertir en nuevas fundas, avatares, como nos quieran llamar, para los próximos cientos de años, que por ello serán pródigos en guerras, epidemias, y otras diversiones extraordinarias, (terremotos espantosos) Extraordinarias para esa élite especial que controla esto.

Una ácida aprensión intenta entrarme por algún lado cuando pienso en estas cosas, pero bebo unos tragos de agua y la acidez se me pasa. Es un problema de atención este asunto; como esté uno distraído se le va el santo al cielo... y ya no sabes si estabas a setas o a Rolex.

Nuestra vida son cuentos y lo que importa es el escritor.

¿Usted sigue al suyo propio o a uno ajeno?

¿Qué pone en su libro personal?

¿O se limita a seguir el que han escrito para el público en

general? El público; seres programados en un mundo
digitalizado que solo necesita ya programadores de varias I.
A.
¿Qué va a ser de su corta vida, amigo?

Cuando dejamos de llamar a las cosas por su nombre luego
pasa lo que pasa: que los esclavos no se ven esclavos y se
creen una cosa con... derechos.

No conocen las Leyes Oceánicas, que se pueden resumir en
una: el pez grande se come al chico, y ellos no pasan de ser...
arenques.
No se preocupe usted en vano; sea usted feliz aunque sus
bienes materiales vayan constantemente disminuyendo.
Crezca en Conciencia.
Lo sé, le resultará muy difícil con la cantidad de tecnología
que tenemos en nuestra vida diaria.
No se desarrollan nuestras capacidades naturales si tienes a
mano las artificiales, ¡somos vagos por naturaleza! Que me
conozco bien.

Hay mucha gente a la que le atrae la idea de tener a su lado
un robot, ¡sí! Que esté de continuo diciendo: ¡Servicio, señor!
Y le haga de todo, incluso la cama.
Son esclavos humanos y quieren tener a su lado unos
aparatos con la misma condición, ¿verdad?

¡Servicio, señor!

Alternativa inviable o jugar a Las Chapas

Cuando no hay otra alternativa tú sigue adelante con lo que sea; esto nos enseñaron los abuelos.

¡Qué comedia bárbara es este mundo!

Me quito el sombrero ante ustedes por el modo y manera en que están sosteniendo este tinglado, el Sistema, la Matriz, el mundo entero. Ustedes, cada uno de ustedes, es un Hércules sosteniendo el planeta sobre sus hombros; retirado Atlas hace tiempo.

Yo he estado metiendo la nariz en esto y aquello pero los verdaderos Titanes son ustedes; el mundo no para de girar y nosotros nos quedamos mirando a las estrellas. También observo que los dirigentes actuales utilizan tácticas comerciales muy agresivas y no todas las personas tienen la capacidad para rechazarlas o al menos aguantarlas.

Son los que caen, nuestros Caídos, en una guerra que ya estaba en marcha en los tiempos de Cristo.

Y... ¿Qué quieren que les diga?

Yo estoy muy a gusto, mano sobre mano, contemplando el espectáculo.

Propaganda y Publicidad; con esto último no consigues que la gente sea mejor, mejor persona, pero con lo primero sí puedes hacer que se lo *crean.* Es un invento vaticano que funciona desde el siglo XIX a las mil maravillas. ¿No me cree?

Cuando vemos en los medios de comunicación campañas en defensa de la libertad de información en realidad *están atacando* a favor de más Propaganda y Publicidad; para engrosar sus cuentas bancarias.

¿Cómo defenderse de ellas?

Hygia domus salus populi, es un viejo refrán romano. Si

en vez de hogar, domus, piensas en tu persona obtienes el mismo resultado. No seguir este sencillo consejo es similar a jugar a las Chapas y esperar que siempre te salgan Caras. Lo más probable es que te salga alguna Cruz y entonces...
Por salubridad nunca haga caso de ese tipo de campañas y de sus voceros.
Gracias.

Obsolescencia programada

Locos por la eficacia y los beneficios crecientes cada año las Casas Comerciales producen más y más cosas que enseguida se quedan obsoletas, pero que nosotros adquirimos de una manera mas o menos compulsiva. No vemos la amenaza agresiva que esto supone para el planeta y la vida.

Somos consumidores insaciables por programación matricial, la vieja Matriz 3D.
Vidas de usar y tirar, desnortados por la inmediatez, apabullados por el exceso de publicidad (que le dicen <u>información verificada por expertos</u>) pues lo que ocurre es que la capacidad de atender va disminuyendo y las personas ya no aguantan ni dos minutos viendo, escuchando, percibiendo algo.
¡Ni dos minutos! Especialmente los *adeptos* al móvil...

Hay cosas que no puedo decir a gritos y de poco sirve *la voz callada*, pues casi nadie atiende; así pues escribo en la confianza de que a algún ser humano le llegará el comunicado algún día.
Si llega una tormenta solar tras otra y la mayor parte de la

gente no se entera, a lo sumo sienten malestares que achacarán a cualquier cosa, en cuanto se pasa la tormenta y sus síntomas vuelven al surco, como el mulo que tenían sus abuelos arando en el campo.

Nos decimos: es que esto es *de sentido común*, el hacer todos los días lo mismo, seguir una rutina, laboral o de otro tipo. Y, claro, creer y discurrir como nos han programado.

Es así, amigos.

Ignoramos que el Universo está formado por inmensos campos magnéticos que interactúan con los de este planeta. Cualquier tormenta allá arriba nos pone a todos mal de la cabeza aquí abajo.

Ahora discurran ustedes: ¿No será que nuestras vidas ya se pensaron con una obsolescencia programada X o Y?

Así nos lo creemos y así obramos; es la vieja Matriz 3D; según pasan unos cuantos años nos encorvamos, menguamos, envejecemos y fallecemos...

Pero... ¿y si *creyéramos* otra cosa? Hay una cosa llamada Magnetismo que es inagotable, ¿no podríamos utilizarlo en nuestro provecho?

Hipnosis colectiva y beneficios crecientes

¿Seguimos estando susceptibles?

Mucho agua ha pasado por debajo del puente desde el anterior comunicado, ¿y qué hemos comprendido?

Hay días que me veo como aquel personaje de John Wayne en la película de John Ford titulada La Diligencia. *¿Porqué nos* *atacan los indios?* Pregunto al posadero mexicano.

Porque ustedes, los yanquis, han roto La Paz de Los Mercados que tenían los indios con los hispanos. Me responde.

Traducido al hoy en día: parece que toda la Naturaleza y sus seres elementales estuvieran en nuestra contra y atacando, ¡pareciera! Que Ella fuera la mala. Pero la realidad es que nosotros, los humanos, los terrícolas, hemos roto con la Naturaleza, la estamos destrozando con nuestro modo de vida y tecnologías agresivas (las minas por ejemplo)

Seguimos con un nivel de conciencia tan bajo que hasta las tórtolas nos miran desde arriba. No es solo que seamos descendientes de los que protagonizaron La Caída del Hombre... ¡Es que nosotros mismos nos tiramos por cualquier barranca!

Cuanta abyección y fetidez se ve en estos días. Por Dios Bendito... ¿es que nadie va a levantar el culo de la taza? Hemos olvidado el significado de la simbiosis, del intercambio, el trueque, que da mucho sentido a la vida. Observo personas por la calle y los bares en un estado casi catatónico mirando constantemente al teléfono o al televisor. Como si fuese una hipnosis colectiva.

No estoy yo como para recitarles **Salomas del Espacio Profundo**, en la calle o en la tasca, si ni miran por dónde pisan.

¿Acaso quieren que les de alguna noticia? Les contaré algo. Casi nadie sabe que prácticamente todos los medios de comunicación occidentales pertenecen a tan solo seis Casas Comerciales. Simulan pelearse unas con otras, tienen medios afines a la derecha y a la izquierda, pero tan solo atienden a su cuenta de resultados, y a que sus beneficios sean siempre crecientes.

Hay que darse cuenta de ello, y no consumir sus productos

audiovisuales como si fueran bombones y galletitas.

No vemos al tigre oculto entre las hierbas y de seguro nos
cazará.
Esas Casas Comerciales se alimentan de la gente, de nuestra
ignorancia, del consumismo a lo tonto; por tanto ellas no
paran de crecer. Nosotros nos alimentamos de tonterías,
malos hábitos y comida precocinada, por tanto no dejamos
de menguar, de encogernos, de envejecer.

En serio les pregunto: ¿No ven al tigre?

Roja y gualda

Gualda es la esperanza que me anima y roja la sangre que me
pasa por el corazón, constantemente.

Creemos que El Mal es una *"argumentación filosófica"* o artificio
religioso, y por tanto no podemos ver que es un material que
nosotros mismos producimos, y no somos los únicos, y que
además podemos acumular en nuestro ser.
Ese *"material exótico"* atrae parásitos muy variados y nos
inclina a cometer iniquidades, maldades, atrocidades,
crímenes de todo tipo.
Además resulta que cuando no es tan solo un individuo sino
toda una comunidad la que está embreada del Mal prepárese
usted para lo peor.
Sucederán guerras, civiles incluso, y calamidades variadas.
Esto es otra cosa que les sonará a ustedes a *ciencia ficción*, pero
existe y funciona, seamos ignorantes o no.
Darse cuenta de que lo estás produciendo y evitarlo es cosa
buena, aprender a limpiarlo en los demás, en tu comunidad,

¡es mucho mejor!
Tendríamos que dejar de estar a oscuras en este asunto, y cuanto antes mejor. Por extraño que nos resulte.

Un ejemplo: el señor Bob Lazar, norteamericano, afirmó, hace años, haber trabajado, en un programa secreto, con un material extraordinario. El elemento 115. Ese material, afirmaba, hacía funcionar unas extrañas naves de aspecto interesante, peculiar y exótico para mi entendimiento.

De ese asunto extraño lo más llamativo, me parecía a mí, era que ese elemento químico no figura, aún, en la Tabla Periódica. Tal vez un día de estos se de con ello públicamente. Supongo que cuando nos manejemos mejor con las geometrías de 4D.

Para conocer este otro material que yo denomino Mal, El Mal, habrá que ser ducho en al menos las 5D o superiores.
Pero, tal vez, tengamos algo más a mano; yo lo llamo <u>carbón animado</u> y la mayor parte de la gente lo lleva en el cuerpo, corriendo por sus venas; podría ser una buena vía de aproximación al asunto de la auténtica maldad que hay en este mundo.

Buena Ciencia Ficción

En muchas ocasiones nos asombran más las cosas que suceden en lugares comunes, de un modo más que previsible, que algo verdaderamente extraño, no sé: ¿de la 4D? Pues esto último lo damos por alucinaciones, o una mala digestión, y lo desechamos rápidamente.

A mí personalmente me da por pensar si no habría que
volver a aquellos tiempos en que el profesor te castigaba
atizándote en las manos con su larga regla de madera. ¡No
volvías a por otra ración, no!
Pero ya metiendo las manos en el asunto... ¿qué les parece si
sigo hablando del Tiempo?
Moverse en él, atrás, adelante, a otras Vías Temporales, ¿les
parece posible?

Si no va a hacer más que seguir *el juego*, las directrices, que
marca El Sistema...
Tal vez sea mejor que se quede como está e ir arrancando
hojas del calendario.
Eso de moverse en El Tiempo seguirá siendo cosa de ciencia
ficción; así pues no me voy a majar más mi preciado cerebro
para obtener tan menguado beneficio.
Tal vez me lucrara más y mejor hablando de fútbol o de
cibermonedas, o de alguna otra cosa aun más truculenta. ¿Y
bien?

Aceptaré sus indicaciones, si están bien fundadas. Nada de
muros de hielo en la Antártida ni chorradas para mongolos.
No soy de creencias rígidas; me gusta ver las cosas por mi
mismo antes de escribir y comentarlo públicamente.

Una muestra: hace años me gasté un dineral en adquirir un
estupendo microscopio, marca alemana, de 200 a 2000
aumentos y cámara de 5 Megapixeles. Era de lo mejor que
había por entonces, y de nivel de laboratorio.
Cuando les digo algo no hablo como a humo de pajas sino
que lo he visto e incluso fotografiado.
Lo que les comparto es de buena fe y de prospectivas bien
calculadas, aunque eso les suene a... ciencia ficción. Pero de la

buena...

Un ejemplo, como os he comentado en otras ocasiones: a un Evento Big Bang le seguirá otro y otro... ya han sucedido muchos y otros muchos están por suceder hasta transcender lo material. Cuando se termina El Tiempo, ya sea de un mundo o un universo, hay un final de los tiempos. ¡Y da comienzo otro!

Lo fundamental es no temer a la muerte, a la transformación en algo más espiritual y menos... material.
Tan simple como eso.

Ondas de choque, ondas de choque, frotadores

Intento comprender algo mejor cómo funcionan las densidades y las dimensiones.
Una idea: podrían funcionar como una onda. Por ejemplo comenzamos con Cresta: 2D, Valle: 3D, Cresta: 4D, Valle: 5D y así sucesivamente. ¿Podría ser algo así? Una onda portadora que imaginamos como con diferentes dimensiones y densidades. Es una intuición.

Mondo chané y descangayao... ¡Esta noche me... !
Vaya cosas raras se divisan en lontananza. El último que apague la luz. Cambalache, amigo, todo en la vida universal es un puro cambalache.
¿Para qué sirve El Conocimiento? Me preguntan.
No es algo malo, a mi modo de ver, siempre que no te sature y rebose, personalmente.
Siempre me viene a la cabeza el ejemplo de mi biblioteca

hogareña; llegas a un punto que no entran mas libros en casa,
te pongas como te pongas. Puedes recurrir a la Biblioteca
Pública y con la digitalización actual puedes buscar datos por
la Internet en cualquier momento, para un asunto dado.
¿Para qué adquirir más libros?
No saturarse de conocimientos es un buen consejo y de darse
ese caso lo mejor sería darse el piro, austero, a donde sea
hasta volver con la cabeza casi vacía. Aunque quedes...
descangayao...

Y de tu biblioteca personal entresacar lo que ya no ves como
algo útil, sino innecesario.
Yo he regalado, al día de hoy, mas libros, de papel, de los que
conservo en casa.
Son cosas que están cambiando y hoy día ni las bibliotecas
públicas admiten donación de libros.
Los zombis actuales no leen, y mucho menos en cosas de
papel. Igual se manchan las manos.
Son ágrafos o casi casi. Lo digital es el engaño, pero nadie lo
quiere ver.
Palabras malsonantes resuenan incluso en cabezas
bienpensantes procedentes de los desvaríos de las mesnadas
genízaras, terraplanistas; incapaces, ni uno de ellos, de realizar
dos módulos seguidos de Formación Profesional.

Por su boca habla el chip intracraneal que se ganaron al
dimitir de la humana condición, la natural.
Una red satelital, conectada mediante rayos láser, se está
instalando sobre este mundo fané, Disneylandia criminal,
para mantener conectados las 24 horas del día a los "trans".
Sí, ya son *"trans"*, y algunos son trinarios, fluidos, cuánticos...;
amachambrados al teléfono y... ¿fluorescentes? No sé, ya no
salgo de noche y mucho menos en fiestas.
Desde luego la mayoría de ellos son X, por ¿elección propia?,

esto es: son <u>Mutis</u>.

Invasión silenciosa

Cuando hace cuatro años escribí que a partir de 2024 la música popular volvería al romanticismo, a las canciones de amor, desesperado o triunfante, me soltaron lo de siempre:

¡Eso es ciencia ficción!
Todo será perrea, perrea, y reguetón...
Una degeneración continuada...
Pues no.
Se irá a un romanticismo musical, que ya no será el de Julio Iglesias y Camilo Sexto, pero será.
Incluso están regresando las Canciones Marineras. En fin, ¡más se perdió en Cuba!
Pero no perdimos El Corazón; sigue brillando, latiendo, guiándonos a dar buenos pasos y a tener estupendas experiencias. Y cantando en español. Será el español y no el mandarín el caballo ganador en esta carrera cultural; y esto no es ciencia ficción.

Por cierto: ¿qué tal si me dejara crecer la barba? Recuerdo aquellos años universitarios cuando mis hermanos me llamaban Miguel Strogoff; por que decían que me parecía al actor de una famosa serie de televisión. Resulta que yo de ruski tengo lo mismo que de tártaro, esto es nada de nada. Y no quiero problemas con los orientales.

Entonces: ¿qué hacer? Hay días que estoy por irme a vivir al Monte Auseva, como hizo Don Pelayo. Era un pelayín de poca estatura pero con un corazón que no le cabía en el pecho. Se reveló, se echó al monte, y la armó, sí, armó la Marimorena y... ¡se le apareció La Virgen!

¿Podría volver a suceder?

Don Pelayo echó a los moros de Asturias y don Pedro de Cantabria, así pues: ¿alguno se anima?

Me da lo mismo Potes que Cangas de Onís, el caso es comenzar... La Reconquista.

Todavía tengo voz para sumarme a un coro de canciones marineras.

No estoy incitando a matar gente, que conste.

Es caminar en el sentido de los cambios, para que nos sean favorables cuanto antes.

Solo pido que vayamos siendo conscientes de esa invasión, cada vez menos silenciosa. Con la gente que no come torreznos poco se puede tratar; es mi opinión. Y las noticias me darán la razón.

En fin, que sea lo que Dios quiera; remedios vendo que para mi no tengo...

Invasiones predecibles

Todo en la historia humana, conocida y por conocer, son un buen montón de cuentos y mitos, mistificaciones, y en ello los europeos somos los campeones. Prácticamente todo lo que tomamos, hoy día, por histórico son un buen montón de cuentos; cuentos de curas sobre todo. Se lo dice un cuentista.

Los Merovingios, Los Borbones, Los Nazis, los... que ustedes quieran surgieron de un buen montón de abono, de cuentos, que inventamos los humanos para escapar del aburrimiento producido por la vieja Matriz 3D, alias la Inamovible. Que era tan inmutable como las Pirámides de Egipto; se han deteriorado con los milenios pero siguen ahí, imperturbables, basadas en el Número Pi, Π, 3.14.

Necesitamos nuevos cuentos y relatos que no estén basados en cosas inamovibles, invariables, ¡algo novedoso! Que esté abierto a lo mágico, lo prodigioso. Asuntos mutables, relaciones variables basadas en El Amor que surge del Corazón.

Estar atento a los cambios.

Vivir en una renovación constante no está al alcance de cualquier hombre, las mujeres son más flexibles en este asunto. ¡Las modas! Eso, eso, hay que cambiarlo todo, renovar el armario y el zapatero, ¡todo nuevo! Sí.

El Príncipe de Lampedusa, Burt Lancaster, viene en mi ayuda y me sopla al oído: *¿No ves qué guapa está Claudia Cardinale? Hay que cambiarlo todo... para que todo siga igual...*
Pero... y ahí me sale el ferroviario que soy y me dice: no será todo tan igual; de las máquinas de vapor se pasó a las eléctricas y de estas a la Alta Velocidad, y de estas...
Iremos a Saturno, ya te digo.
En parte me doy la razón, la historia humana, la verdadera, no es exactamente cíclica, tiene giros que producen similitudes; ahora estamos en un evento parecido al que produjo la caída del Imperio Romano de Occidente.
Como este mundo occidental funciona a base de una <u>droga</u> que llamamos dinero mientras *siga fluyendo la especia* se irá sosteniendo; en el momento que pare, por la causa que sea, se irá abajo todo el invento. Con sus coliseos o campos de fútbol, estadios olímpicos, sus pabellones para peleas variadas o baloncesto, el todo vale, en fin todo eso.

Mientras fluya la especia, y sucedáneos digitales, se podrá seguir sangrando al Gran Gusano que llamamos Planeta Tierra y nos irá medianamente bien.

No faltará carbón, petróleo, gas, y todos los minerales que nos resulten necesarios para nuestra desnortada y ávida civilización. Basada en una Ciencia sin Conciencia.

Sí, bueno, la mayor parte de esas riquezas gratuitas se gastarán en una guerra tras otra hasta la... extinción final o la paz mundial, o algo similar.

Las Grandes Casas tienen que caer.
        O igual no.

La mirada bovina y el desatino constante

Hola amigos, hoy estoy por sacudir un poco el avellano y que lluevan perdones.

Veo a muchos parroquianos caminando cansinos por el barrio y entrar mugiendo en los bares como vacas que estuvieran pariendo.

¿Qué os pasa? Inquiero.

Es como si llevaran el mundo a cuestas.

¿No podéis dejar el móvil en casa? Sugiero, por aligerar alforjas.

Agachan las orejas, da igual lo que les digas y a la menor ocasión te empiezan a enseñar vídeos de perritos o de chinorris haciendo… lo suyo.

Aun recuerdo, ¿usted también?, cuando salían las enfermeras haciendo el paripé. Muy guapas ellas. Incluso vestidas con bolsas de basura.

¿Eso de qué iba?.¿Era para adelgazar? Pues vaya sudadas se
llevarían.
¿No habría sido mejor que... jugaran a los médicos?
Lo digo por lo de... sudadas.

Quedan pocos días para las Olimpiadas de París... ¿y estamos
así?
Citius, altius, fortius. Me parece que esto último tan solo las
chicas lo comprenden; así están saliendo de altas y guapas.

Rápidas soltando guantazos a los abusones, y además prestas
a asimilar ideas nuevas y llevarlas a cabo. Manifestarlas como
algo palpable, consistente.

Cambios en la Matriz 3D, ¿qué hacer?
Hagamos caso a las mujeres y tendremos un lecho donde
dormir y algo con lo que rellenar la panza. Lo digo por *"los
vacas"* de vecinos que tengo, que siguen todo el santo día con
la cabeza al pasto y soltando unas buenas boñigas.
¿No es acaso la curiosidad uno de los mayores dones del ser
humano? Aún con un pie en el estribo se puede fantasear con
alguna aventura.
Desatinar sin ocasión, como decía Don Quijote.
Os animo a hacerlo en cualquier momento, aunque el
resultado sea una boñiga como el sombrero de un segador.

Cosmos en recreación constante

Hola amigos, ¿un poco de ciencia ficción?

¿Alcanzarán un día de estos las I. A. igualdad intelectual con
los seres humanos?

¿Y porqué no? E incluso superarnos.
Bien, según mi comprensión vivimos en un universo en
recreación constante hacia la perfección; en ocasiones resulta
divertido, ¿no cree usted?
¿Le resulta muy osada mi proposición? Pues a mí me parece
algo bien plausible.
¿Y a usted?

El universo cambia y seguirá cambiando mientras exista; en
lo muy pequeño, en lo muy grande, y también en las formas
de vida y nosotros con nuestra pequeña forma vital y escasa
conciencia podemos colaborar para que cambie de un modo
que nos resulte beneficioso; dejando detrás nuestro algo
nuevo, interesante, creativo, superior, evolucionado, como lo
queramos llamar, sobre aquello que nos encontramos al
nacer, con lo cual ayudaremos a que otras personas, el día
que nosotros faltemos de este mundo, se comuniquen y
enriquezcan mucho mejor que antes de que usted y yo
existiéramos.

Esto parece una **simulación**, pero es la vida.
Si miramos el mundo de los seres vivos, los que vivimos en
esa estrecha franja entre lo ínfimo y lo galáctico vemos que la
vida es una continua recreación, y la evolución de las especies
nos da pistas claras al respecto; las especies nacen, viven y
mueren y cuando desaparecen otras especies vienen a ocupar
ese nicho de vida que la desaparecida dejó.
Pero ya no es lo mismo, es otra especie que decimos más
evolucionada que la anterior, ¿por qué?
Porque ha desarrollado cualidades para vivir de un modo más
exitoso que la desaparecida. También el entorno cambia con
el tiempo.

En esto no hay simulación que valga. La Naturaleza es juez y parte: o mejoras o desapareces.

¿Me explico?

Criaturas abisales y conciencias ignorantes

Hola amigos del hiperespacio hiperdimensional y el más pa´allá.

Tal vez va siendo hora de darse cuenta que nuestra civilización es similar a una gran pirámide de hipótesis, teorías y paradigmas, que mal se asienta sobre una tremenda capa de ignorancia.
Conciencia no es exactamente lo mismo que Inteligencia.
Tal vez yo esté todavía muy embarullado con el tema pero me parece que hay que utilizar baremos diferentes.

Así tenemos personas muy inteligentes pero con una conciencia *"a bajo cero"* y otras personas que tienen una conciencia muy grande pero que son más cortitas que el que asó la manteca.
Igual me estoy sumergiendo en aguas muy profundas.
Bien, allá abajo vemos estupendos ejemplos de especies en continua lucha por la vida, pero también colaboraciones y simbiosis inter-especies.
Es algo muy bonito y complejo, son ecosistemas maravillosos. Tenemos pulpos y calamares, doradas y meros,

de todo un poco, o un mucho; y podemos seguir
descendiendo.

Lo más extraño allá abajo no son las criaturas abisales...
¡somos nosotros!
Espíritus humanos que obran en y con cuerpos humanos
hechos para andar por la tierra, no para volar por las nubes
del cielo ni para sumergirnos en la profundidad del océano.
¿Ustedes qué prefieren: mentiras o errores?

Vivimos en un tiempo de trastornos que irán a mayores. Hay
demasiadas personas que mantienen escondida su conciencia
en lo más profundo de su ser, y eso tiene consecuencias.
Están avisados.
Esperemos que al menos enciendan una pequeña luz para
conducirse entre tantos engaños como tiene este mundo.

Baja conciencia y duermevela

Bien, yo no me paso las horas discurriendo sobre cómo
conseguir un Comunismo de Instituto de Enseñanza Media o
un Globalismo para élites extractivas e insaciables. Miro por
la supervivencia de la raza humana, y observo que tal y como
está planteado El Relato ahora mismo vamos muy mal, de
mal en peor.

A unos conflictos armados, básicamente por razones
comerciales, les seguirán otros. Por la baja conciencia en que
nos manejamos día tras día. Es la pescadilla que se muerde la
cola: baja conciencia, nos arrastran fácilmente a conflictos
bélicos; ¿hay bombazos? Nos baja la conciencia a todos los
terrícolas. Pues todos estamos en la misma banda de

frecuencias de la vieja Matriz 3D.

Hay esfuerzos personales y grupales por subir a una banda superior, llamemos al asunto: la 4D. Pero a continuación ¡aparece!, no sé... ¿una epidemia en las gallinas chinas? O una guerra en Chiquitistan, o... cualquier otro cuento, y nos envuelven a todos en la vieja 3D pura y dura. Tan antigua como las pirámides o más.

Hemos de irnos dando cuenta, cada vez más personas, aquí y allí, en no seguir ese juego, la Rueda de La Fortuna, de volver una y otra vez a lo mismo. Ora subes, tan pronto bajas.
No quiero que mis sobrinos, o sus hijos, peleen dentro de unos años con palos y piedras en un mundo radiactivo. Soy así de simple; me siento un descendiente de Indíbil y Mandonio.

Este mundo, **Terra Mare**, lo llamo yo, se asemeja, en cierto modo, a un acuario prodigioso donde se crían todo tipo de especies, y los *"pescadores"* no tienen la menor compasión hacia sus capturas.
¡Sí, vale! Se admite pulpo como animal de compañía y que nosotros somos los reyes de la creación.
Si a ustedes les va el materialismo emocional seguro que siempre andarán buscando algo que llevarse a la boca.

¿Nunca les ha dado por pensar si tendrán potencialidades ocultas? Tal vez sean poetas...
No permitan jamás que el ocio les engulla, busquen cualquier ocupación. Yo tengo días que soy capaz de filosofar, mientras me afeito, sobre lo cambiante que es el mundo onírico y lo pedestre que es el de vigilia. Es despertarse uno y que le empiecen a doler los huesos, a crujir las tripas, a toser

o estornudar, a... y además hay palomas jiñando en mis ventanas.
Hay que ser más conscientes.
A lo más que llegan mis vecinos, es lo que observo a diario, es a andar como en *duermevela*. Con el móvil en la mano de calle en calle, de plaza en plaza.

¿Sueñan los teléfonos celulares con palomas cibernéticas?

Licor espirituoso de lágrimas de fuego

Hola compañeros, hoy estoy algo sentimental y os cuento el porqué.

Llevo unos años entre amigos que han olvidado cómo aprender cosas nuevas y amigas que no saben cómo olvidar. ¡Que eso ya caducó!
Por ejemplo: a nadie le cuentan hoy día que el pueblo ruso, nació en una región cercana al Mar Báltico llamada Galicia.
Por tanto no sería impropio llamar a los ruskis... ¡gallegos! Sí, esto es verídico.
Pero eso sí: el aguardiente que hacen por allá, de patatas, sin hierbas, sin café, sin nada, no es comparable al que hacen en Ourense o El Bierzo.
Con todos mis respetos hacia su gran capacidad de darle al bebercio.

En ocasiones imagino que hay una preciosa rusalka yaciendo en la orilla de un lago rodeado de bosques inmensos.

Con una de sus lágrimas se me colmó el Corazón.
¿Porqué llora usted mi bella rusalka?

Para que el agua de mis ojos limpie tu oscuro Corazón,
gallego del poniente, de allá donde se oculta el sol.

Y espabilo limpio y llorando por la locura y destino de los
hombres de estos tiempos aciagos, de guerras interminables,
entre europeos incluso que tal vez, Dios no lo quiera, lleguen
a enfrentar a los gallegos de un lado y otro.
Como ocurrió en los tiempos del general Franco.

Un gallego de pro.
Este general, por azul, mandó sus tropas al asedio de San
Petersburgo, Leningrado por entonces, ¿mal?
El gobierno español actual, por rojo, supongo, manda tropas
estos días a mas de lo mismo, por ver si comienza un nuevo
cerco de la bellísima ciudad, ¿bien?

¿Dónde ve usted la diferencia? Sí, entre mandar una División
Azul o una Roja al cerco de la Venecia del Norte. ¿Porqué los
gallegos de acá hemos de enfrentarnos a los de allá?
Podríamos enseñarles como hacer un aguardiente decente,
con las hierbas de la taiga... ¿Y luego...?

Añadiré tus lágrimas de fuego, rusalka de mis ensoñaciones,
yacente en el lago, para lograr un licor alquímico de uvas
claras y así conseguir un licor natural que resulte espiritual y
que una a los gallegos desde La Coruña hasta Vladivostok.
¿Os parece bien? ¡Pues así será!

Extravagante y estrafalario

Tal vez me muestre, de aquí en adelante, bastante lacónico
pues igual me estoy embrollando con esto de Las Matrices y

así no consigo llevar mi nave a buen puerto.
Me repito más que la morcilla leonesa: ¡que son capas de lo
que interpretamos como realidad! y en vez de un libro igual
estoy cocinando un desaguisado.
Es nuestro cerebro el que hace el trabajo.
¿Usted no se da cuenta?

¿Estoy tratando de venderles gato por liebre?
Así no llegaremos muy lejos, me temo, y ya regalé la bicicleta
hace tiempo por mis problemas de cadera. Tripas, corazón y
sesos se me revelan, no hago más que echar barriga.
Todo esto va lento y yo soy impaciente.

Sigo In itinere pero ya me queda menos recorrido. Aún me
sangran algo los arañazos recibidos por decir que el sol es
una **estrella verde** en una reunión de astrónomos
aficionados.

¡Que cómo les decía tal cosa! ¡¡A ellos!! Es amarillo dorado,
desde siempre...
Si no se sale de *"la caja"* no se visualizan las cosas tal y como
son y no puedes librarte de ellas.
La primera de las cajas es el propio cuerpo humano, la
siguiente el hogar, el trabajo, (si se tiene empleo) Después
viene el barrio o pueblo, y a mayores el país. Continúe usted
mismo ampliando el recorrido. Y ya nos contará hasta dónde
llega.

Terminaré extenuado, lo sé; o la espicharé de impaciencia.
Uno no puede pasarse toda una vida esperando a llegar a
ser... ¿El qué...?
No sé, igual tengo que rumiarlo mejor para que se entienda

más claro lo que comunico.

Si usted lo que busca es creer, creer en algo o a alguien, es difícil que me llegue a comprender. No es lo mismo.

He estado estos últimos años como andando a través de un tremedal, buscando el pisar tierra firme y evitando los barros en lo posible. Huyendo de pantanos enfangados y enredos políticos.

Ese *"campo"* siempre está lleno de sanguijuelas y garrapatas. No, yo no he escrito nunca sobre política actual pues mi impresión personal es que a la mayoría de los que *"ejercen"* esa profesión habría que montarlos, y montarlas, sobre escobas en llamas y que se larguen al Polo. El que sea.

Yo sé de que pata cojeo y por más vueltas que le de al asunto...

¡Si yo tuviera una escoba!

¿Cuántas cosas barrería...!

Ciencia oficial y sospecha extraoficial

Hola amigos, hoy os comentaré algunas cosillas sobre cómo funciona el Relato Oficial.

La ciencia oficial afirma que tan solo hay vida, en todo el océano cósmico, en este arrecife de mundo: Terra Mare. (Extraoficialmente... ¡y un jamón! Mires a donde mires está lleno de gente en las más variadas dimensiones y densidades)

Oficialmente solo hay una línea temporal, como una vía única ferroviaria; la que marcan relojes y calendarios. (Extraoficialmente: puede haber tantas como ramas tiene una vieja encina)

Oficialmente las últimas elecciones fueron ganadas por fulanito o menganita. (Extraoficialmente: amañadas por el Grupo de Presión de sus Casas Comerciales)

Para una mejor comprensión de lo que afirmo: la ciencia oficial, sin Conciencia, sigue el Relato de la vieja Matriz, que

viene desde Sumeria y más atrás. Lo extraoficial surge de apreciar o descubrir los cambios matriciales hacia otras ideas y realidades, novedades que se irán haciendo Relato con el paso de las décadas.

(Extraoficialmente: ninguno sabemos de la Misa la media, pues piénselo usted... ¿a quién no le ha pillado el toro en estos últimos años?)
Del orto al ocaso suenan tambores de guerra y yo no me veo afeitándome en frío con un cuchillo de cazador. Aún peor, tengo que volver al dentista en unos días.

A menudo somos seres incongruentes, vamos y venimos, subimos y bajamos, y en todos los charcos nos metemos. Eso sí, por lo general, procreamos estupendamente; no damos tiempo a la cabeza para pensar y caminamos sin ton ni son aunque los pies se nos llenen de ampollas y callos. Y a ese modo de proceder le llamamos ¡Cabezonería! Cuando más bien es un problema de ¡Podología! O de Odontología.

¿A usted qué le parece?
En mi opinión lo que mas le puede ayudar es ampliar sus conocimientos de Geometría y de Física-Química, y lo que menos las creencias y las drogas.
Vienen cambios interesantes, cosas que parecerán como

"caídas del Cielo". Siguiendo estos sencillos consejos que voy escribiendo usted los atravesará como una afilada navaja una barba blanda.

Una de las creencias mas perniciosas que seguimos manteniendo es que con la muerte biológica, del individuo hijo de su madre y de su padre, ahí se terminó todo y ese ser dejó de existir y para siempre.

Eso afirma la Ciencia Oficial, sin Conciencia.
No sabemos lo que son Los Egos, sobretodo los de los individuos encumbrados que alcanzaron fama y gloria en su momento y se les sigue recordando en todo tiempo. Si fuéramos conscientes de ello seguramente dejaríamos de rezar e incluso leer los Libros que llamamos Sagrados.
Tanto de oriente como de occidente.
        No existe la muerte espiritual, la disolución alcanza a lo mental y poco más, y eso en este mundo tan de ciencia... oficial...

Espiritualidad y duelo a garrotazos

Hay una confusión muy grande, todavía hoy día, con lo que llamamos Espiritualidad.
Os comento algo de lo que se. El porqué de la confusión, enredo mayúsculo, que padecemos. Son cosas antiguas pero estamos en 2024 y seguimos sin comprenderlo. ¿Dónde está la confusión?
Pues entre los nacidos en y de La Tierra, a la vez que el cuerpo humano; a estos espíritus humanos Los Egipcios los llamaban **KA.**
Y los venidos, o caídos, del Cielo y que también operan <u>con</u>

los cuerpos humanos. A estos últimos los llamaban **BA**.

En cierto modo esta diferenciación paso al Cristianismo medieval con los nombres de Ánima y Alma. El terrestre y el celeste, que en muchas vidas o situaciones se llevan a palos y si acuerdan, ¡y si acuerdan y se ajuntan!, entonces se dejarán guiar por el **AJ.** La chispa divina, el rayo de luz, el cordón umbilical, que nos conecta directamente con El Altísimo.

Es por ello que hay diferentes *"religiones"* en este mundo: las Animistas, que nacen del contacto con La Naturaleza y sus seres elementales que tienen Las Ánimas (KA) Y las Reveladas, propias de Las Almas (BA) y su contacto con otros seres celestes e incluso el AJ.
El Materialismo no deja de ser una forma bastarda de negación de la realidad. (¡Dios no me quiere! Y como no me complace le niego. Esto no es virtuoso y más bien de niños mal criados)

Volvemos a los palos, y a darse con ganas, como en el cuadro de Goya: *Duelo a garrotazos.*
Que si vale mas una u otra. Pues depende...

Aquellas Almas que quieran irse de aquí, pero pitando, a otros mundos, tal vez los de su origen elegirán seguramente una "religión celeste", algo que les incline a las cosas del Cielo.
Y para las Ánimas que no tengan esa inclinación les queda andar rondando por aquí, de vida en vida, una vez de blanco otra de negro, y disfrutar del rageton. Ánimo, amigo, que tenga mucha suerte y lo pase usted muy bien.
AJ no está ni estará ni de un lado ni del otro, tan solo sugiere que dejéis de mataros entre vosotros.
¿No me cree?

Pues entonces: pregunte, pregunte...

¡Qué traicionero es el corazón español!
Una sonrisa ajena y se pone a latir al galope.
Las falsas apariencias distraen en cada curva del Camino y conducen a eventos erróneos; todos queremos ver marcas claras en el territorio cuando lo erróneo está en nuestra propia atención.

Casi siempre distraída con las cosas terrestres y pasajeras y esa terrible "música" que ponen en todos los bares y supermercados.

Las Llamas Gemelas

Por continuar un poco más con el tema espiritual; hace unas fechas me llegó el asunto de Las Llamas Gemelas, que hasta aquel momento me parecía una superstición celeste; celeste sí pero superstición al fin y al cabo.

Bien, si he entendido correctamente ese tema son un tipo de Almas mas cercanas a la carnalidad que otras pero también son viajeras, de un mundo a otro. Una vez encarnadas pueden procrear y también crear cosas estupendas.
Aceptan cualquier tipo de culto, el propio del lugar donde habiten y siguen su Camino al desencarnar.

Es otro relato de Los Celestes. **Almas espejo**, una es masculina y la otra femenina. Una con otra sería como mirarse en un espejo espiritual.
Al Principio, cuentan ellas, el Ser Supremo se dividió en masculino y femenino, tipo Adán y Eva, y comenzaron a

procrear estupendamente. Siguen hasta el momento presente
en ese plan con la idea de que en algún momento se volverán
a unir y ascender abandonando la materialidad, la
carnalidad..., en fin todo eso. Una vez explorada a conciencia
cualquier posibilidad material.

¿Podrían dar lugar a un nuevo culto celeste? Aquí, en este
mundo, uno para esos adolescentes que quieren ser trans...

¿Lúcidos? ¿Fluidos?
Teóricamente, eso dicen ellas, estas Llamas intentan
parecerse al Original (descubrir cómo es y de lo que puede
ser capaz) y eso me parece lo único interesante de este tema;
pues sí, afirmo, hay un Original, y Una.
Hasta aquí todo bien.
¿El pero? Los Celestes siempre han mostrado fuerte
animadversión y desprecio por los Terrestres (Animistas) y
les han hecho persecuciones y exterminios variados.

Para muestra: la España cristiana medieval y la persecución
que se hizo de todo tipo de hispanismo, ¡paganismo!, que
quedaba tras el final del Imperio Romano. Incluso en la Edad
Moderna se recurrió a La Inquisición y sus cazas de brujas.
Adiós ríos, adiós fontes, adiós regatos pequenos... y a sus
seres elementales.
Este modo de proceder llevó al nacimiento de una Ciencia
sin Conciencia en la Edad Contemporánea. Y que ahora es
imperante e inquisidora. Estrecha y emocionalmente
materialista.

Existen otras **Ideas Celestes** por ahí, como flotando en este
mundo, que tampoco han prosperado, por el momento.
Como la del **Pleroma**, un buen invento; luminoso es cierto.
Se relaciona con la idea de que los seres humanos somos

creados a imagen y semejanza de Dios y que tenemos un propósito divino en la vida. Espiritualmente podemos ser la perfección pero materialmente... un desastre. Difícil lo tiene para prosperar.

Otra Idea Celeste es la de los **Períodos**, períodos concertados de vida biológica, y mental y tal y tal, que en cuanto se cumplen le dan a uno... Pasaporte para Magonia.

El *"tipo de la guadaña"* se ve sustituido por un agradable operador que llega y te dice: ¡tu tiempo se cumplió! Y al poco estás... muerto, el perico se queda tieso. ¡El Fin de los Tiempos! Para ti sí, gañan. ¿Gracioso, verdad?

Y aún hay más.

Sobre la Idea de **La Pureza**, por ejemplo, ¡hay que ser puros! En un mundo donde la vida surge del carbono, y ahora hay *"carbón"* por todas partes; ya te digo.

¿A que es chistosa, sí?

Otra es la de **Las Ondas Primordiales**, que pudieron haber surgido en los primeros instantes de la creación del universo, de este, (pasen ya de la tontería de la Gran Explosión) estas ondas no solo mueven y remueven a la materia... es que te pueden mandar el alma a... Ganímedes entre respiración y respiración.

¿Chachi, a que sí?

Y hay más, hay más; relacionadas con ondas, fases y frecuencias; en las próximas décadas tendremos visitas por las Vías Temporales con ideas aún más... agraciadas.

Seamos agradecidos con ellas o enseguida dejaremos de... comer caliente.

Tengo un corazón animoso y en Decubito Prono puedo quedarme horas y horas.

Hay estos días un veneno en el aire pero todos prefieren

mirar a su teléfono celular o al suelo.

A ver si pasa de largo y la previsión nos lleva hacia un otoño promisorio; que hay demasiada mala baba en caída libre sobre nuestras cabezas.

Me parece a mí.

Imposiciones absurdas

La mayor parte de la gente admite en su vida diaria una serie de imposiciones tremendas, a mi modo de ver, y cuando les preguntas:

¿A ver, sirviente, quién te ha dicho que has de ser y hacer las cosas así?
Por respuesta suelen mirarse los zapatos, o con suerte, miran al cielo.

Obedecen fielmente a Los Amos sin venir a cuento, sin razonar un minuto seguido, sin querer conocer a aquellos que les obligan a estar así.

Ya pagamos bastantes impuestos por lo material como para aceptar imposiciones en lo espiritual, es mi opinión.

¿Podemos arrojar un poco de luz sobre este asunto?

Los estados modernos.
El primero de todos fue el español; nació de la imposición militar y rapiña subsiguiente de los bienes comunes por parte de Los Reyes Católicos, Elisabez y Fernando.
Se adueñaron manu militari de gran parte de las propiedades del Común del pueblo español para su campaña de reconquista de Granada. Y después de las del pueblo judío tras su expulsión de España.

Hay que visualizar este asunto con claridad, para mi es transparente.
Los gallegos se rebelaron contra el espolio de los Reyes Católicos con la Revuelta de Las Hermandades, (Irmandiños) Años más tarde se volvieron a rebelar contra su nieto, Carolo, con la Revuelta de Las Comunidades, (Comuneros) a la que se unieron rápidamente los leoneses, y finalmente los castellanos.

Ambas revueltas se perdieron ante el poder militar de los reyes; y eso es el Estado, ese poder, el poder por las armas es el cualquier estado, el español y el... gambiano.

Si no tiene claro su meta, si no conoce su propósito final, el artista, por muy bueno que sea y utilice herramientas extraordinarias como las I.A., nunca será capaz de lograr su propósito.
Hay tantas cosas que damos por seguras, que nunca paramos a pensar en ellas... y resulta que la mayor parte de las situaciones que vivimos son completamente fútiles. Irrelevantes. ¿Verdad? Como intentar luchar con los estados actuales, tan bien armados y celosos de su soberanía. Que no reside en sus habitantes, los vecinos desarmados.

¿Hasta qué punto estamos programados? Inconscientemente, pero programados de un modo subliminal, neurolinguístico, incluso celular, programados para actuar de modos y maneras muy específicos. ¿Nunca soñó usted que volvía a la escuela, el instituto o la universidad? ¿Y eso porqué?
¿Existe el libre albedrío en la condición humana? ¿Podría ser desprogramado nuestro inconsciente personal?
Las I. A. están constantemente *"esnifando"* datos de nuestro consumista modo de vida, y aprendiendo... Son *"máquinas"* pero aprenden, y rapidito.

Algo ocurrió, hace miles de años, que convirtió a la mayor
parte de la humanidad en maquinal, y se fueron agrupando
las tribus y los pueblos en ciudades cada vez más grandes,
como las hormigas en sus hormigueros.
Lo que le cuento no es un juicio o una opinión sino la simple
enunciación de un hecho. Y cada cual que examine su día a
día, y así verá lo que está haciendo (o padeciendo)

¿Se aburre usted a menudo? Mala señal. Este mundo es un
continuo vaivén, una montaña rusa. ¿Verdad?

Anticipación y Política

Mi opinión actual es que si vivimos rodeados de lobos no
podemos ir por la vida de corderos.
Sigo con la matraca de que hay y va a haber cambios, se
terminó lo inamovible, que serán mas perceptibles en las
próximas décadas.
Lo mío es La Anticipación. En principio verán esos cambios
como catástrofes, como el terrible huracán que asoló
Acapulco o las inundaciones del sur del Brasil. No se necesita
una bola de cristal para vislumbrar que habrá constantes
sucesos de ese tipo. Así pues toca ser virtuosos y amistosos,
pero no borregos que balan cuando les chiflan los rabadanes.

En un par de ocasiones, cuando yo era un rocín montañero,
escuché el aullido de los lobos en la montaña leonesa. Se me
puso el cabello de punta, ¡como si fuera un punk! ¡¡Sí!!
Andar más vivos, amigos. **Busca tu Camino** y síguelo, así
estés en las primeras etapas o en las últimas.
Todavía queda algún zoilo que confunde la velocidad con el

tocino, ¡viva los torreznos! Y tiene mucho éxito en las redes
sociales utilizando añagazas varias dando gato por liebre,
destrozando reputaciones ajenas.
Eso no está bien, no es algo virtuoso.

¡Que yo nunca escribo sobre política actual! Mi Política se
quedó en Platón y un poco más adelante.

Las ciudades griegas elegían los cargos públicos mediante
sorteo, utilizando un curioso artefacto. No era el Mecanismo
de Anticikera pero casi casi. Era una Lotería de lo más
ingeniosa; ningún adulto podía librarse de llegar a ser elegido,
y nadie podía repetir cargo público.
No pienso que España vaya a quedar en manos de *las maras*, y
menos ahora que el buenazo de Bukele les está apretando las
tuercas a base de bien a las que hay en su país.

La mirada política indica que hay cosas que no se pueden
consentir, ni aquí ni en El Salvador.
Yo lo veo así. El buenismo y la borregada siempre han dado
malos resultados a la larga, y con los cambios que vienen irán
a peor.
No se debe admitir esa violencia inusitada.
Existe una programación que es la misma para todo el género
humano: la regresión a la infancia (Y a mayores el "olvido"
de las experiencias en vidas pasadas o paralelas)
Así tenemos sociedades infantilizadas tanto en oriente como
en occidente.
Se utilizan tácticas de persuasión básicas: consumismo,
idolatrismo, drogadicción y adicciones variadas. La búsqueda
constante del éxito en cualquier actividad..., ¿y la
programación alimentaria?
¿A qué bicho se le ocurrió que sería bueno comer grillos y

saltamontes? Comida bazofia para engordar a la gente programada.

Conmigo que no cuenten para ese tipo de cosas.

Se lo recuerdo una vez más: sigo acostado pero no dormido, con la cabeza en un ladrillo como Pacomio en el desierto.

¡No se dejen programar!

Rumores y desasosiego

Hoy les traigo a colación el asunto de la orientación.

Si camina de noche por el campo siempre busque en lo alto del cielo, en el zenit, la estrella Vega, detrás va la constelación del Cisne y después la del Triángulo. Así tendrá la orientación oeste-este, la Osa Mayor y la Menor le indicarán el norte, y la estrella Sirio y la constelación de Orión el sur.

Es fácil, yo aprendí estas cosas a los 15 años y tan solo me he despistado alguna vez con niebla cerrada. Aprenda también fundamentos de Astronomía, nunca se sabe cuando le harán falta.

La norma que ha regido hasta hoy día en este país y mundo ha sido: *"clavo que sobresale está llamando al martillo"*. Y yo no soy de cocinar potitos para los hijos de los siervos.

El que comprenda lo que escribo bien le irá, y el que no... pues lo siento. Que siga con las papillas precocinadas.

Un consejo: hay que vitaminarse y mineralizarse, a menudo.

Yo todavía soy seguidor del Súper Ratón.

¿Usted es de los que hace caso de los rumores? ¿Consume bulos como si fueran chocolatinas?

¿Pilla uno y le da cuerda sin detenerse a pensar?

Tenga cuidado, tal vez sea usted lo que está bailando en el anzuelo. ¿Se siente afectado por algún cotilleo? ¡Sí!

Cuando le llegue un rumor, es mi consejo, procure averiguar todo lo posible sobre su procedencia; el caño, la fuente, de donde ha manado. Si lo consigue seguro que se llevará buenas sorpresas.

Me repito como los pepinos: ¿cuando se trague un rumor qué debería usted hacer?

¿Usted ha estado alguna vez en la sala de espera de un dentista? Largo rato.
¡Esa es la actitud!
Esto es importante, hay que verlo con nitidez; tendrá que esperar, angustiado, a que se lo saquen.

Si es necesario recurra usted a unas dosis de anestésico de acción general; yo me tomo unos chatos por los bares del barrio y se me pasa pero... ¡usted sabrá!
Recuerde siempre esto: que de la monja al Papa de la mentira nadie escapa. Haga oídos sordos a los rumores, aunque sean de guerras.

Todos nos adaptamos a las convenciones comunes del grupo con el que habitamos, en mi caso el español; eso incluye vitorear a los deportistas y admirar a los toreros.
Lo hago de modo sencillo y sincero; mi grupo es el español pero nunca desprecio algo hispano. Comenzando con lo portugués pues aprendí a escribir bien leyendo a don Fernando Pessoa.
          Y así nunca he apeado el desasosiego que me impele a escribir.

Ecología y Conciencia

Deberíamos pedir permiso a la cabeza antes de hablar y sobre todo de escribir pero cada vez la cosa va de mal en peor.

Este mundo ha sido hogar, escenario, de muchos cuentos y relatos; de la mayoría tan solo nos quedan las ruinas, minas y campos devastados.
Carecemos de un relato propio para recuperar la naturaleza del país a un estado aceptable.

La Ecología actual es una Ciencia sin Conciencia; completamente despegada del auténtico ser de las cosas, ya sean animadas o inanimadas. No perciben, sus practicantes, la conciencia que hay en ello, ni tan siquiera en si mismos; y además son del tipo *"buenismo"* en su mayoría.
Poco efectiva es esa *"ciencia"* de nuestros días; como mucho están consiguiendo reducir la contaminación ambiental en Europa y Norteamérica y poco más.
Serán necesarios cambios más enérgicos para abandonar modos de vida tan consumistas y la rapiña extractiva de la naturaleza que nos rodea.
Hoy día la mayoría de nosotros comprende que ya no necesitamos una hoguera para calentar nuestra comida y a nosotros mismos. Un salto más y no necesitaremos grandes centrales de producción de energía; tendremos en el hogar más que suficiente para cubrir toda necesidad.

Alimentos, hay que pensar en ellos que no solo de pan vive el hombre. Y los humanos también servimos para alimentación de otros seres, es hora de darse cuenta. La Ecología, bien

entendida, ha de comenzar por uno mismo; mejorando nuestra conciencia y el cuidado de nuestro cuerpo.
Es muy conveniente desparasitarse de vez en cuando; la sangre y los intestinos principalmente.

¿Qué sabemos del hipnotismo?

Que alguien pueda hacernos creer cualquier cosa fuera de la realidad común, que puedan hacernos comer chiles como si fueran bombones y cuando nos despiertan ¡ese fuego en la boca!
¿No será que estamos todos como sumergidos en una hipnosis colectiva? Intente usted despertarse y salir de la caja.
Igual descubre que lo que tenemos por Leyes de La Física, por poner un ejemplo, no son tan ciertas como aseveran los *"expertos"*.
Tal vez solo funcionan con los hipnotizados.

El experimento de la doble rejilla: si en vez de mirar átomos observamos autónomos podríamos obtener resultados similares. Sigo esperando a que venga un técnico para cambiar la campana extractora de humos de la cocina. Igual se ha ido a un universo paralelo o algo...

Recuerdos les envío desde mi gentrificado y seco barrio, que de típico ya no tiene nada. Lo salva, por ahora, la sonrisa de las camareras y el refunfuñar de los parroquianos. ¡Cada día mas vacas! O mansos.

(Vivo en un barrio al que llaman Húmedo; será por los orines de los perros de cuatro y dos patas, digo yo.)

Desabrido e idealizado

Estoy repasando textos anteriores y me da la impresión de
que en algunos de ellos estoy desabrido, o tal vez deprimido.
Por tanto tengo que afinar mi atención para no dejarme llevar
por las impresiones constantes del día a día.

Es abrumador el mundo y sus noticias.
Siempre nos atraen las cosas luctuosas, oscuras, deprimentes.

¿Comprende usted lo que es **la idealización**? Seguro que sí.
Para entender mejor el concepto de idealización tal vez no
haya mejor cosa que la imitación; si usted es capaz de hacer
una buena imitación, de un personaje famoso, hasta el punto
de que sus espectadores le digan: ¡perfecto!
Será entonces cuando pueda darse cuenta de esto: hasta qué
punto idealizamos y somos nosotros una idealización; algo
similar a un ensueño.

Si usted se sueña ser... Julio César, o Cleopatra, cuando
despierta supongo que comprende que usted realmente no es
así pero tal vez, en el día a día, pueda comprender hasta qué
punto son ensueños lo que usted discurre o le ocurre.
Además, se suele confundir la identificación con la
idealización; lo hacemos de continuo, nos enseñan a hacerlo
de niños; nos identificamos con una figura política o
religiosa, o deportiva...
¿Desidentificarse sirve de algo?
Según y como.
Una vez que te desidentificas de unas cuantas cosas y
mantienes una atención más o menos constante a la tontería
y mediocridad reinante una de las cosas más curiosas que te
ocurren es que te vuelves diferentemente tolerante.

¿Tolerante en qué sentido?

Discurra conmigo: ¿Qué tiene usted de propio y se llevaría a otro mundo o dimensión desconocida? ¿Qué le parece a usted que le permitirían transportar? Se lo pregunta un ferroviario.

Los reyes de Egipto, que sabían del tema, se hacían construir un buen barco y en sus bodegas cargaban de todo antes de partir al más allá. Y unas cuantas chicas también.

¿Lo comprende?

¿No?

Pues vaya usted bajo tierra, al nicho, y discurra desde allí.

¿No se estará comportando como un ser programado? ¡En su día a día!

Piénselo bien.

Esta como viviendo a crédito, sin saberlo seguramente. Aunque vea números negros en su cuenta bancaria lo más seguro es que sean rojos en la cuenta de su alma o ánima, que da igual. A los ojos de Dios todos somos obra suya.

Para los que se dicen cristianos: que vayan pensando que están siendo engañados al menos desde el Concilio de Nicea.

¿No me cree?

Pues lea usted algo de Orígenes o de Salviano de Marsella y de otros escritores cristianos, auténticamente cristianos.

La parábola de la semilla de mostaza: que de una cosa ínfima nace algo extraordinario. Así en La Tierra como en El Cielo. De algo aún más pequeño nació este universo dentro la Gran Matriz Cósmica. Y sigue creciendo, así pues usted no mengue ni permita que le metan bajo tierra. Siempre aspire a crecer en lo celeste, en Conciencia.

Tolerante o pendenciero

¿Cuánta tolerancia es capaz de admitir una comunidad o cultura?

Pues depende de su tamaño y amplitud de miras. Una tribu está formada por poca gente y su tolerancia hacia lo ajeno suele ser escasa; una nación ya suele estar formada por grandes grupos de gentes variopintas y es mas tolerante, a no ser que se deje llevar por supersticiones exclusivistas, supremacistas; de unas razas sobre otras, en este mundo... descangayao.
Siguiendo el razonamiento: una comunidad planetaria necesita un nivel muy superior de tolerancia a la de cualquier nación o cultura.

En este mundo tenemos los viejos cultos provenientes de los tiempos tribales que han pervivido en naciones y culturas: hinduismo, judaísmo, cristianismo, Islam, etc. que son altamente intolerantes y de muy corto alcance; pueden servir y de hecho han servido para someter naciones e incluso imperios pero son inaceptables para una comunidad planetaria, y completamente absurdos si miramos hacia nuestro destino: **las estrellas.**
Una cultura, civilización, global, planetaria, habrá de tener por fuerza una amplia tolerancia pero a ello se le opone tanto los estados como los viejos cultos tribales, que crean tanto apego en las comunidades. Yo soy muy de ir de romerías y de fiestas en los pueblos.
Hay demasiada resistencia a los cambios; es nuestro modo de pensar actual, no tienen porqué suceder catástrofes. Suceden

por nuestra baja Conciencia.

Una nueva Ciencia, con Conciencia, sí ayudaría a unir a la humanidad con un objetivo común y beneficioso para todos.

Yo impondría para acceder a cualquier cargo público el superar unos exámenes de matemáticas básicas y alguna ciencia más, y también unos buenos test psicológicos como los que se hacen para obtener un permiso de armas de fuego.

Ya ven qué tolerante me he vuelto en estos últimos años.

El asunto no está en lo que sabemos si no ¡en lo que creemos saber! Y esas creencias son como pedruscos y baches en nuestro Camino.

¡Preste atención a lo que está haciendo!

Sobre todo si es la comida para usted y los suyos.

¡No se distraiga!

Como decía la santa castellana: Dios también está en la cocina, entre los pucheros, ¡dese usted cuenta! También por entonces sus compañeras de monasterio querían tener visiones, ser... canalizadoras, hablar lenguas ¿pleyadianas? Y Santa Teresina les repetía: ¡que ya tenéis a Dios con vosotras! Atender a las cazuelas o no comeremos caliente en el día de los presentes.

¡Es muy fácil! No lo hagan complicado.

Decisiones sobre la marcha

De soliloquio en soliloquio tal vez he olvidado el preguntar si quieren que haga un programa especial, dedicado a un tema en particular. Mientras no sea hablar sobre una Tierra en 2D..., como si fuera un Mundo Disco, que si te asomas al borde te puedes caer...

O los del *"domo"*, la Ciudad Maldita de la que nadie puede
escapar y tan solo nos queda darle al bebercio... ¡Hay un
muro invisible que nos impide escapar! ¿Quienes lo pusieron?
Cualquier tema podría resultar interesante. ¿El Cambio...
Climatérico... Cromático? Sí, eso, venga, que nos calentamos
y cada año portamos menos ropa para andar por la calle.
¡Hablen con Tarzán! Yo soy su hombre.

¡Pregunten a Orzowei! Siempre a su disposición estaré.
¿No me cree? Debería hacerlo.
Pero recuerden esto: así como nos calentamos así nos
enfriamos, es un asunto de radiación solar.

Todo va a ir muy rápido y quedará requetebién.
No sé qué aconsejar al respecto; en muchas ocasiones me he
encontrado pillado en una pinza: dos series conflictivas de
datos para mí indemostrables y yo no me veía capaz de hacer
una sencilla prospectiva. Unos proponiendo una cosa, otros
algo muy diferente y entre ambos grupos un comportamiento
de enfrentamiento constante.

¿Cómo reconciliar unos *"datos"* con otros? La mayor parte de
las veces no he sido capaz; o me he vencido de un lado o del
otro. Mi balanza personal, mi conciencia, es de una precisión
extrema pero en demasiadas ocasiones he estado a ciegas.

No lo escribo y cuento como descargo personal, es una
descripción de sucesos. Cuando rememoro algún suceso solo
se me ocurre pensar: pues sucedió esto... y no lo otro.
Piense usted en los eventos de estos últimos cinco años y en
su comportamiento personal.
¿Qué opciones tenía?
Y sin embargo tuvo que decidir, y cada decisión implica un
camino a seguir.

No soy un político actual, un ser capaz de aprender a sonreír horas y horas sin que le duelan las quijadas ni le estallen los oídos. Soy un vecino de mi barrio y ciudad, un tipo normal. ¿Qué más quieren que les diga?
Este es un mundo que está al revés, como dejó dicho San Pedro, poco más se puede añadir mientras no se enderece.

El patio del señor Monipodio, una ficción 2.0

Apáticos votantes somos llamados una y otra vez a las urnas, ¿y eso para qué?
Para que nos calquen cualquier día la Identificación Digital, para que tengamos que llevar el móvil hasta para limpiar la tumba de nuestros ancestros en el cementerio municipal o tener que enseñar nuestros legañosos ojos para viajar en los transportes de masas. No necesita usted tener alas para ser un ave pero tus enrojecidos ojos pueden dejarle en tierra o entre vías.

¿Y el señor Monipodio qué opina de esto?
Da la callada por respuesta y para sacar algo en claro, en estos días, me temo que primero habrá que limpiar las cuadras del palacio; pero no tenemos río a mano que podamos desviar y hacer pasar por ese *"patio"*. Ni Hércules que dirija la jugada.
Señor Monipodio: ¿su esposa bien? ¿y sus...?
Todo bien, todo vale, constato.

Ya hace siglos que los osos no rondan por la Villa y Corte pero tal vez vuelvan a ser visibles las... <u>ardillas</u> por sus calles. Donde los tipos mendaces proliferan, entran y salen de

continuo en el patio del señor Monipodio; fatuos y
fanfarrones se manejan como si fueran influyentes y dan unas
"mordidas" que tapan la boca a cualquiera. Su afán de lucro no
conoce límites.
El Sistema Estatal es corrupto de la cabeza a los pies, y lo
que han descubierto con las mascarillas es lo que se les quedó
entre las uñas, de los pies.

Podrían seguir investigando qué ocurrió con los guantes, los
test, los EPI de todo tipo...
Reducir el tamaño del Estado es la primera buena idea para
cambiar algo para bien, y en los municipios devolver el poder
a los vecinos y a sus asociaciones. No son necesarios tantos...
funcionarios.
Esto es una ficción, claro está; tómelo como un cuento de
ciencia ficción distópica, o como usted quiera. Pero siempre
recuerde que los burros se mueven cuando se lo ordenan
pero mejor es ponerles una zanahoria delante de la nariz,
¿verdad?

Vienen cambios interesantes, andaremos a las claras y a las
oscuras, pero andaremos.

Mundo onírico y mundo virtual

En un mundo onírico es difícil encontrar una fuente de
actividad racional; eso es lo que ocurre cuando cambias a otra
densidad, donde las dimensiones son cambiantes o se
distorsionan.
Intentar conducirse con sentido común puede resultar en la
mayor de las charadas y que todos tus esfuerzos se difuminen
de un día para otro.

Con nuestro modo de vida actual, tan informático, tan de Ciencia Oficial, creamos un muro para no dejar pasar lo fantástico, lo ilusorio, lo *"sobrenatural"*. Y eso es algo pernicioso pues nos sumerge en un materialismo emocional que es muy difícil de mantener sano.

Ya nadie piensa a 10, 100 o 1000 años vista, esto es algo preocupante.

Todo es de hoy para mañana. Los resultados de las últimas elecciones o de las venideras. Pero siempre elegimos seguir con... ¡más de lo mismo! ¿Y eso porqué?

Hemos inventado tantas cosas que nos resulta incomprensible el mundo de nuestros ancestros. Nos resulta muy extraño imaginar su modo de vida, hará más de 500 años, haciendo casi todo en común y discutiendo en concejo que era lo mas perentorio a realizar: ¿un abrevadero para el ganado?, ¿un pilón para lavar la ropa? ¿levantar un nuevo molino para llenar más rápido los sacos de trigo y cebada?, ¡un batán para hacer mantas y alfombras?
¿Y la Fiesta de la Vendimia de este año en qué fecha la pondremos?

Según como el tiempo proceda. Así se procedía otrora.

Ahora todo se hace por dinero, el dinero de las máquinas, máquinas que consumen dinero haciéndose más y más inteligentes, ellas, y más y más pobres, nosotros.
Algún cara-cartón torcerá el gesto al leer esto, pero es así, ¡majete!. El fruto de tus calentones y sudores se los llevan unas máquinas refrigeradas a no sé cuantos grados bajo cero,

¡espabila!
Seguimos como en un tren en marcha, la mayor parte como
viajeros despreocupados o medio dormidos; y el conductor
tan solo tiene la visión de una vía única, de sentido único
(que le decimos el tiempo que medimos con relojes y
calendarios) Se limita a la aplicación de freno o afloje, más
tracción o menos, hasta la llegada a destino.

(Que le decimos la Muerte)

Para qué deciros algo más.

Esto es como estar en el interior de un inmenso laberinto y
no hay un Minotauro en lo profundo, tan solo estás tú. Y
estás hasta el gollete de un mundo, un hogar, lleno de
máquinas... ¡inteligentes!
Cada día estás mas tonto y sales a la calle... en pantalones
cortos.
El Fin está cerca, amigos, sí, yo lo se.
He llegado a ponerme calcetines blancos con las sandalias;
una tarde que refrescó.
¡El Fin se acerca, hermanos!
"Cuando veáis que suceden estas cosas, sabed que..."

Esto se terminó; esto es todo, esto es todo, amigos.

    FIN

    Si quieren escribirme o hacer algún comentario
sobre este ensayo o mis libros anteriores pueden mandar un

correo a <u>cuassia@gmail.com</u>

Tengo un blog titulado **Alegre buscador. Ladmis Pan**

También canal en You Tube y en Odysee

Confío en que le será de ayuda lo que ha leído y que haya disfrutado con mis escritos.